Pierre Pezziardi

Lean Management

Mieux, plus vite, avec les mêmes personnes

EYROLLES
Éditions d'Organisation

Lean Management

Éditions d'Organisation
Groupe Eyrolles
61, bd Saint-Germain
75240 Paris cedex 05

www.editions-organisation.com
www.editions-eyrolles.com

ISBN : 978-2-212-54638-5

Remerciements

Mes remerciements vont à Laurent Avignon, Christophe Thibaut et Pascale Sauvage, ainsi qu'à tous mes autres camarades d'aventure pour leur aide inestimable[1] : Vincent Biot, Xavier Boileau, Éric Biernat, Alain Buzzacaro, Mathieu Gandin, Emmanuel Gaillot, José Gramdi, Ismaël Héry, Yannick Martel, Éric Pantera, Olivier Pizzato.

Sommaire

Chapitre 1

Le défi

« Je vois des ordinateurs partout, sauf dans les statistiques [de productivité]. »

ROBERT SOLOW (1987)

Paris, 3 janvier 2008.

7 h 30 du matin, je suis déjà à mon bureau, au trente-septième étage du siège de la Générale de Banque. L'instant est calme et rien ne vient troubler le dépilage consciencieux de ma boîte aux lettres électronique. Tiens, une enquête du service Qualité & Développement durable : *Merci de remplir ce questionnaire sur la qualité de vie au travail et nous le retourner avant le 15 janvier.* Attends, je rêve ou ils me demandent de ressaisir toutes mes informations personnelles ? Ils ne pouvaient pas les demander aux Ressources Humaines ? Et voilà encore cinq minutes de gâchées à ressaisir ma fonction, mon bureau, mes trois enfants… Elle est où, la qualité ? Une simple extraction de données du système RH aurait suffi à économiser 500 000 minutes à la boîte ! Mille jours/homme de perdus !

Je me présente, je m'appelle Paul Boulier. J'occupe le poste de directeur des Systèmes d'Information depuis bientôt quatre ans. L'informatique dans l'entreprise, c'est moi. Sept mille personnes sous mes ordres, un milliard d'euros, une lourde responsabilité que j'ai finalement endossée quinze ans après mon arrivée à la Générale.

Et moi, ils vont m'entendre au service Qualité & Développement durable !

8 heures. Henri de Montleau, le directeur général, pénètre inopinément dans mon bureau et me sert les banalités d'usage. Cet homme, tout en réserve, s'intéresse soudainement à mes projets de vacances, va jusqu'à me faire part des siens ; j'attends la suite. L'animal n'est pas coutumier des amabilités matinales, et en plus, je le soupçonne de me mépriser. Ce ton affable me rend doublement nerveux...

– La crise nous plombe, mais sachez-le, cher Paul, c'est de l'ordre de l'incident conjoncturel. Le vrai problème, c'est que nos actionnaires sont las de voir la Générale sur les troisième ou cinquième marches des podiums : troisième banque d'affaires sur les dérivés de crédit, cinquième banque à réseau d'Europe... On ne fait plus rêver personne, à commencer par nos clients qui sont de moins en moins fidèles. Le conseil d'administration réclame de l'ex-cel-lence. Et qui est en bonne place sur les marches du podium des principaux goulets ? C'est vous.

– Quoi !? Moi ? Les systèmes d'information, un goulet ? Les bras m'en tombent ! Que juge-t-on au juste ? Êtes-vous conscient du travail réalisé par mes équipes ? Nous ne sommes pas de vulgaires techniciens sur qui l'on peut jeter unilatéralement l'opprobre !

– Pensez-vous, Paul, nous sommes tous le technicien, voire le pion d'un autre, moi y compris... D'ailleurs, il n'y a pas que les actionnaires, mes directeurs ne cessent de se plaindre de votre absence de réactivité et de vos coûts exorbitants. Encore heureux que le système fonctionne à peu près régulièrement, sinon je n'aurais pas été en mesure de prendre votre défense comme j'ai dû le faire récemment...

– Vous m'en voyez reconnaissant, répliqué-je en me demandant s'il était vraiment sincère mais sans oser l'interroger sur les circonstances. Personne n'a jamais vu Henri de Montleau défendre qui que ce soit.

– Je vous donne six mois pour redresser la barre et me présenter des résultats significatifs. Au-delà, je serai obligé de prendre des mesures d'externalisation drastiques…

Il me laisse encaisser avant de poursuivre :

– Comme je ne pense pas que l'on puisse changer de recette sans changer de cuisinier, je vous suggère de prendre contact avec ce consultant qui est un expert en accompagnement au changement. Voici sa carte.

– « Jean-Louis Secrotas, *value through IT* » indique la carte. (Encore du consulting à deux dollars, où est-il allé me trouver ce nouveau bouffon ?)

*

*   *

– Monsieur Secrotas ?

– Oui.

– Paul Boulier, directeur des Systèmes d'Information de la Générale de Banque, vous pouvez m'accorder quelques minutes ?

– Oui bien sûr, enchanté.

– Henri de Montleau, mon directeur, vous a recommandé pour nous aider à améliorer la performance de la DSI. J'aurais aimé connaître votre mode opératoire pour ce type de mission.

– Il dépend essentiellement de vous.

– Oui bien entendu, mais par exemple comment compteriez-vous démarrer une telle tâche si je vous la confiais ?

– Quel est le problème avec la DSI ?

– On la juge coûteuse et peu réactive.

– Vous me donnez deux problèmes, je n'en demandais qu'un. Quel est le principal problème ?

Je m'arrête un instant, surpris par la question autant que par le ton.

– Nous sommes trop chers, finis-je par lâcher.

– Êtes-vous sûr que vos clients préféreraient disposer d'une DSI moins chère à réactivité égale plutôt que d'une DSI plus réactive à coût égal ?

Je ne m'étais jamais posé la question sous cette forme. Impossible d'y répondre sans un minimum de réflexion. Heureusement il enchaîne :

– Je vais vous poser la question différemment : quel est, d'après vous, le but de la DSI ?

Mon légendaire aplomb se trouve maintenant totalement pris en défaut. Je me vois incapable de répondre avec discernement. Tout se brouille, les objectifs assignés à mes différents départements dansent bruyamment dans ma tête : diminuer les coûts, homogénéiser les technologies, réutiliser des systèmes, mutualiser des infrastructures, garantir des temps de réponse corrects, externaliser tout ce qui peut l'être, rédiger des cahiers des charges de qualité, simplifier le SI… À quoi tout ceci nous mène-t-il ?

Cette conversation devient risquée. Cet individu est dangereux, il rapporte probablement à Montleau, et tout ce que je vais lui dire pourra être retenu contre moi. Je dois reprendre l'ascendant :

– Je comprends en effet votre approche monsieur Secrotas : triptyque classique coûts/qualité/délais, Six Sigma, Cobit, CMMi… Je regrette, je ne peux m'attarder au téléphone, j'ai une obligation. Ce serait un plaisir de vous rencontrer en compagnie de mes équipes ; seriez-vous disponible à Paris dans les jours qui viennent ?

– Non malheureusement, pas dans l'immédiat.

– Bien, je… euh… très bien, je vous rappelle bientôt. Merci encore pour… cette conversation.

Il me salue poliment, pendant que je parviens à dissimuler mon désarroi et ma colère. Puis, je décroche une nouvelle fois le combiné :

– Hélène ? Annulez tous mes rendez-vous de la journée. Je ne veux pas être dérangé.

Reprenons le fil. Quel est le BUT de la DSI ? Impossible de voir clair. Je dois me résoudre à demander de l'aide. Surtout pas à mes directeurs, ils pourraient profiter de cet aveu de faiblesse. Et si j'appelais Jean-Daniel, mon copain de promo à la direction des Risques !

– Jean-Daniel ? C'est Paul. Tu vas bien ?

– Ça va, je me remets doucement des fêtes. J'ai démarré mon sevrage d'escargots pralinés et mon médecin m'a conseillé de ne plus boire que de l'eau minérale pendant les six prochains mois...

– Dis donc, toi qui t'y connais bien en informatique, peut-être pourras-tu m'aider. Si on t'interrogeait sur le but de la DSI, et si tu n'avais droit qu'à une phrase, tu l'exprimerais comment ?

– C'est marrant, il y a un consultant sur le projet StopJunkBonds qui est venu poser la même question à l'équipe il y a à peine un mois ! D'ailleurs c'est quelqu'un de chez toi, un prestataire. Il s'appelle Kasperski.

– Ah, connais pas. Et alors ?

– Pour le but de la DSI j'avoue que tu me prends au dépourvu. En revanche, ce type a réalisé un boulot remarquable. En quelques minutes il a fait éclater le conflit qui minait le projet depuis plusieurs mois. Et tout ça avec des questions enfantines. Au bilan, mon chef de projet et l'informaticien qui s'étripaient en décembre sont alignés comme des « i » sur un but commun, et le projet avance enfin. Tu devrais le rencontrer, c'est peut-être le plus simple...

– Tu as raison, merci de l'information.

Peu de temps après, Kasperski pénètre dans mon bureau. Un type bizarre. De ces faciès qu'on n'oublie pas. Je l'accueille néanmoins avec bienveillance :

– Asseyez-vous, merci d'avoir répondu si vite à ma demande.

– Je suis payé pour répondre aux demandes d'aide.

– Celle-ci va vous paraître paradoxale venant de moi, j'attends donc de vous la discrétion qui sied à ce genre d'entretien. On m'a dit que vous aviez mené avec succès une confrontation sur la finalité d'un projet à la direction des Risques, c'est exact ?

– C'est exact.

– Vous connaissez la DSI et ses multiples objectifs : rationaliser les infrastructures, diminuer les coûts de prestations, mutualiser des systèmes et j'en passe. Mais pourriez-vous m'aider à synthétiser ce que doit être la finalité globale de la DSI ?

– Maintenant ?

– Oui, maintenant, réponds-je sèchement.

– Très bien. Je peux vous demander ce qu'attendent les clients de la DSI ?

– Ils veulent des coûts bas et de la réactivité.

– Je crois qu'ils se plaignent effectivement des coûts élevés et du manque de réactivité. Mais cela ne nous donne pas forcément tout ce qu'ils souhaitent.

– C'est vrai. Ils veulent également de la sécurité, c'est-à-dire que le système fonctionne tout le temps et ne soit pas perturbé par des maladresses ou des malveillances.

– C'est tout ?

J'hésite un instant avant de poursuivre :

– Ils veulent aussi que le système soit intégré, interopérable, c'est-à-dire qu'il offre un continuum d'informations, que vous naviguiez dans les applications commerciales, celles du *back-office* ou dans les outils de synthèse, sans ruptures d'ergonomie, sans ressaisies laborieuses ni données contradictoires. Tiens, d'ailleurs, pas plus tard que ce matin, nous avons eu un exemple de mauvaise intégration…

– Le message de la direction de la Qualité ?

– Je vois que vous saisissez mon point.

Je conclus :

– Donc, le but du système est d'être peu coûteux, réactif, sécurisé et intégré. En somme, si l'on imagine la sécurité et l'intégration comme deux facteurs de qualité, nous retrouvons le classique triptyque coûts/qualité/délais connu des industriels. Je crois qu'on a fait le tour, merci de votre aide, cela a été bref mais efficace !

– Attendez un instant. Il ne peut y avoir qu'un seul but, pas quatre.

– Pourquoi ?

– Si vous indiquez quatre directions, il y a fort à parier que vos troupes seront confrontées à des conflits entre ces objectifs : plus de sécurisé ici impliquera moins rapide et moins bon marché, plus vite là s'opposera à plus intégré au reste du système... Il est nécessaire de vraiment distinguer un but, et d'adresser les autres points comme des contraintes.

– Les bons managers savent déterminer eux-mêmes un compromis coûts/qualité/délais ! Ne les sous-estimez pas en les prenant pour plus bêtes qu'ils ne sont, Kasperski !

– Bêtes ? J'aurais dit tiraillés plutôt. Vous savez, j'étais présent lors du choix de la méthode d'émission du message de la direction Qualité. Ils ont bien entendu demandé aux RH de leur fournir un accès au fichier des employés, de manière à préremplir le formulaire. Mais l'informatique des RH leur a annoncé au minimum deux mois pour réaliser cette intégration ; ce n'était ni dans leurs plannings, ni dans leurs priorités, ni conforme à la politique de sécurité en vigueur. À l'autre bout de la chaîne, le directeur de la Qualité hurlait environ deux fois par jour pour obtenir son publipostage. Mais peut-être que le chef de projet chargé du mailing était bête après tout...

– Hum, c'est intéressant. Et donc, quelle méthode proposez-vous pour différencier ces quatre objectifs potentiellement contradictoires ?

– Projetons-nous dans un hypothétique futur où vous doublez un des facteurs, les autres restant constants. Imaginons ensuite la satisfaction attendue des clients.

Nous voilà revenus à la même question que Secrotas, me dis-je... Cette fois-ci je ne tente plus d'esquive et dresse rapidement un tableau :

But	Contraintes
Diviser par deux les coûts	à délais, risques et intégration constants
Diviser par deux les délais	à coûts, risques et intégration constants
Diviser par deux les risques	à coûts, délais et intégration constants
Multiplier par deux l'intégration	à coûts, délais et risques constants

Écrire me fait l'effet d'un choc. Intuitivement, j'ai focalisé sur les coûts mais je m'aperçois bien que je n'aurai pas droit aux lauriers, tant que les demandes des métiers continueront à mettre plusieurs mois (voire dizaines de mois) à sortir. Diminuer les coûts ne peut être le but.

Quant aux deux derniers points, sécurité et intégration, pas de doute non plus. On n'agit sur aucun des deux griefs qui résonnent encore dans ma tête, telle une sentence prononcée par le procureur Montleau : « Absence de réactivité, coûts exorbitants. »

Quel dommage d'ailleurs, c'est là que je réalise à quel point ces deux facteurs, intégration et sécurité, font partie des lubies auxquelles je suis le plus attaché. J'adore faire la pédagogie du nécessaire « urbanisme du Système d'Information », essentiel à l'interopérabilité, et je peux être fasciné par tel constructeur me vantant les mérites d'une machine incassable secourue aux quatre coins du globe...

Kasperski est resté silencieux pendant mes divagations intérieures. Je reprends en me tournant vers lui :

– Si je suis votre raisonnement, le but de la DSI est d'augmenter la réactivité, sous contrainte de coûts, de risques et d'intégration.

– Allons plus avant. Qu'est-ce qui se cache derrière la réactivité ? Quelle grandeur devra augmenter ou diminuer ?

Je réfléchis :

– Euh... il y aura plus de mises en production réussies ?

– Vous en êtes à combien aujourd'hui ?

– Cela dépend des applications du système, je dirais entre une à deux par an et par application.

– Que se passe-t-il si vous doublez ce chiffre ? Vu des clients, la réactivité augmente-t-elle vraiment ?

– Ben bien sûr, les applications seraient mises à jour tous les trois mois !

– Oui, mais ce n'est pas exactement ma question. Est-ce que, dans ces conditions, les demandes de vos utilisateurs seraient prises en compte plus rapidement ?

– Mais c'est ce que je viens de vous dire ; je ne me fais pas bien comprendre ?

– Très bien, si vous en êtes convaincu, c'est donc cet objectif qu'il faut maximiser. Je dois maintenant vous quitter, mais je suis à votre disposition pour poursuivre cet entretien une autre fois. À bientôt.

Il quitte mon bureau impassible, et me laisse interdit. J'ai dû être un peu trop péremptoire… Que voulait-il me faire comprendre avec ces « demandes utilisateurs » ? En tout cas, il a réussi à me faire douter le bougre ! Allez, une fois n'est pas coutume, je décide de descendre « à la soute » pour mieux comprendre. Apparemment ce gars-là tient sa pertinence de son rapport avec les deux plans de la DSI, celui des *décisions* et celui des *opérations*. Or, je dois le concéder, ni moi ni aucun membre de mon entourage ne fréquentons réellement le second plan depuis de nombreuses années…

*

*   *

Le chef de projet est quasi au garde-à-vous devant moi, il transpire. La conversation a pourtant commencé tranquillement ; j'ai juste demandé pourquoi on ne livrait pas tous les trois mois. Là, il m'a expliqué que notre processus standard imposait aux utilisateurs de décrire leurs besoins dans un recueil, le *cahier des charges*, et qu'ensuite, l'informatique créait ou achetait un système adapté à ces exigences. Comme il faut en moyenne plus de trois mois pour écrire un cahier des charges, il n'a d'abord pas compris ma question, puis a réagi :

– Ah oui je vois ! Ce que vous voulez, monsieur Boulier, c'est que pendant qu'un cahier des charges est écrit, nous mettions en place le système en trois mois, et passions au cahier des charges suivant, c'est ça ?

– Exactement. Comme cela, nous mettrions en production un nouveau logiciel amélioré tous les trois mois.

– Le problème c'est que pour trois mois de cahier des charges, nous mettons environ cinq mois à livrer un logiciel, puis quatre mois à le tester et à corriger les erreurs avec les utilisateurs. D'ailleurs, c'est toujours la guerre en fin de projet pour distinguer les erreurs « de leur fait » car non prévues au cahier des charges, des erreurs « de notre fait » dues à une mauvaise interprétation du document.

– Et pourquoi mettez-vous autant de temps à coder ? Pourquoi générez-vous tant d'erreurs ? Tout cela ne donne pas une grande impression de performance !

– Mais les cahiers des charges ne peuvent pas être toujours clairs ou complets ; on découvre de nouveaux besoins en cours de route, et il faut sans arrêt prendre en compte de nouveaux cas tordus... Faire plus vite est juste impossible ! Demandez plutôt aux représentants des utilisateurs de faire des cahiers des charges moins épais, par exemple en découpant leur besoin en petites demandes.

– Me voila bien avancé, en gros c'est la faute des autres.

– Ben oui, ils sont rétifs à ce mode de fonctionnement car ils rechignent à tester plus fréquemment, ce qui serait obligatoire si l'on traitait de plus petites demandes. Et pourtant ce travail ingrat doit impérativement être fait, d'autant plus que parfois corriger une anomalie en crée de nouvelles à d'autres endroits, il faut être très vigilant !

– Je vois...

*

*   *

– Kasperski, je ne vois pas comment on peut améliorer la réactivité. J'ai rencontré hier des chefs de projet et ils tiennent tous le même discours : aller plus vite est impossible : il y a l'épaisseur des cahiers des charges, et les tests nécessaires avant les mises en production des applications sont un enfer chronophage.

– Ils ont raison.

– Vous pensez vraiment que mon directeur général va apprécier cette réponse ?!

Pour la première fois, j'observe un sourire sur le visage habituellement impassible de Kasperski. Son ton a changé :

– Écoutez Paul, tout ceci nous apprend que les règles en place – le processus dit « industriel » : les cahiers des charges épais, les équipes spécialisées entre experts métier et experts techniques, les tests effectués à la main – sont un horizon indépassable pour vos collaborateurs. Ils ne peuvent imaginer un système qui fasse fi de ces règles quasi séculaires. Or, ces règles doivent être changées si l'on veut obtenir des résultats disruptifs sur la productivité. Il vous revient de repousser l'horizon en proposant de nouvelles règles...

– Je vous en prie, poursuivez. Vous savez depuis le début où vous voulez m'emmener !

– Ce n'est pas dans mes habitudes de souffler une solution, mais puisque vous insistez. Je dirais que vos chefs de projet vous ont donné la bonne idée : désépaissir les cahiers des charges ; c'est-à-dire faire en sorte que les exigences des métiers soient un flux de demandes permanent et non plus de gros sacs de demandes sporadiques. L'industrie a opéré cette transition depuis les années 1950 : production tirée, *lean management, one-piece-flow*... mais, paradoxalement, peu dans le monde du service, et encore moins dans celui des services informatiques.

Pour masquer mon admiration devant la simplicité et le bon sens de ce concept, je lance, feignant la vanité :

– Oui mais vous savez très bien que l'industrie informatique est bien plus en avance sur ces ploucs plein de cambouis ; nous manipulons de la Haute Technologie, nous !

Nous rions tous les deux, complices. Ce type me plaît finalement, j'abonde :

– En somme, il suffirait d'aligner les demandes unitaires sur une finalité univoque comme « permettre la vente indirecte du produit X », « maximiser le taux de conversion sur notre site », « diminuer de 20 % le temps de production des états comptables » pour que, régulièrement, N demandes traitées permettent de mettre en production un ensemble cohérent, utile pour la société. Reste à traiter le goulet des tests qui demeure un problème malgré tout...

– Nous traiterons les moyens plus tard, revenons à nos indicateurs. Pour que la satisfaction des utilisateurs augmente, c'est-à-dire que la réactivité qu'ils ressentent augmente, quelle grandeur devra donc augmenter ou diminuer ?

– Simple ! Le délai entre une demande du métier et sa mise en production devra diminuer.

– Est-ce tout ? Si vous réalisez n'importe quelle demande en moins d'une journée, mais que vous n'êtes capable de produire que trois cents demandes par an, le but est-il atteint ?

– Non effectivement, nous traitons chaque année plus de mille projets qui contiennent chacun de nombreuses demandes unitaires. Je vois où vous voulez en venir. Vous me rappelez mes cours de mécanique des fluides… le délai n'est que la moitié du problème, le nombre de demandes dans une période donnée doit aussi augmenter. Dit autrement, le débit de demandes doit aussi être maximisé.

Je prends le feutre pour illustrer ma pensée au tableau :

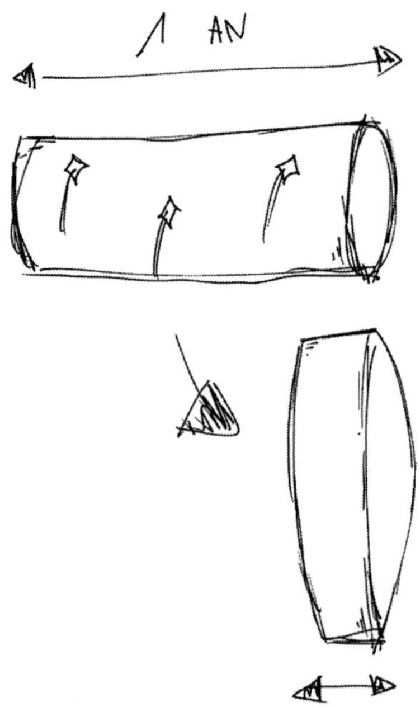

– Aujourd'hui notre performance est un long tuyau de faible section ; demain, elle devra être une énorme pièce de monnaie la plus plate possible !

– Exact, et il faudra aussi colmater les fuites du tuyau, c'est-à-dire éviter la production de bugs ou de fonctionnalités inutilisées !

Je reste pensif et surpris par mon propre engouement. Tout ceci est bien sympathique, mais si l'on n'a pas réussi à maximiser le nombre de demandes mises en production jusqu'à maintenant, il doit bien y avoir une raison. Les tests bien sûr, mais est-ce bien ce que demandent les utilisateurs ? Si l'on met régulièrement de nouvelles fonctionnalités à disposition, comment gérer le changement permanent ? Comment préserver la sécurité du système s'il change tout le temps ?

Quand je me retourne pour l'interroger, Kasperski a disparu…

Chapitre 2

Une nouvelle carte d'état-major

« Tous les modèles sont faux, mais certains peuvent être utiles. »

EDWARD DEMING

Cette nouvelle dialectique du but et des contraintes me perturbe au plus haut point. Pourquoi donc la division d'un but en sous-buts semble-t-elle échouer systématiquement ? Toute ma scolarité d'ingénieur, je l'ai placée sous le rationalisme de Descartes : tout problème peut se décomposer en sous-problèmes indépendants, toute cause produit des effets et il existe des causes premières, des lois immuables qui expliquent la réalité… Cette nouvelle confrontation avec un écosystème humain trop contingent me renvoie soudain des vagues de nostalgie. Je me trouve replongé dans l'univers mathématique de ma jeunesse, où tout était plus simple, plus beau, où je croyais qu'existait *LA* solution.

Peut-être ai-je besoin de me référer à un nouveau *maître* ? J'appelle Kasperski. Une fois arrivé dans mon bureau, l'énergumène ne juge pas utile de s'excuser de sa récente disparition. Je n'ose pas faire allusion à cet épisode, et compose le numéro de Secrotas.

– Jean-Louis Secrotas ? C'est Paul de la Générale.

– Bonjour Paul, comment allez-vous ?

– Très bien, merci, et vous-même ? Je suis en compagnie d'un collaborateur, M. Kasperski, qui m'a aidé à répondre à vos questions.

– Excellent, à quelles réponses êtes-vous parvenus ?

– Le but de la DSI est de maximiser le débit de demandes mises en production, sous contrainte de coûts, de risques et d'intégration.

– Fantastique ! C'est extrêmement clair. Je ne dis pas cela pour vous être agréable. Utilisé comme leitmotiv auprès de vos collaborateurs, cela pourra effectivement guider chacune de leurs décisions.

– Merci Jean-Louis. Cependant nous ne pouvons en rester là, un slogan ne suffit pas. Je fais quoi maintenant ?

– Avez-vous le sentiment que la DSI atteint son but tel que vous l'exprimez ?

– Non.

– Quelles sont les causes majeures qui l'en empêchent ?

– À cette question, pour une fois, j'ai tellement de réponses possibles que je ne sais laquelle choisir : peur de régressions sur ce qui marche déjà si on accélère les évolutions, circuit de décision d'investissement très long, vieillissement du patrimoine informatique, différences de productivité entre équipes…

– Avez-vous une carte du Système d'Information qui nous permette de visualiser les facteurs clés de succès pour atteindre votre but ?

– Bien sûr ! dis-je fièrement, en tentant de me connecter à l'Intranet « Cartographies du SI ».

– Contient-elle des informations qui permettent de mesurer la valeur pour le métier, le débit, le coût, ou la sécurité ?

– Euh… non, pas directement, c'est une cartographie. Mais elle contient un recensement exhaustif de nos systèmes et de leurs relations, c'est déjà bien utile.

– Pas vraiment pour ce qui nous concerne.

– J'ai aussi la carte de notre dernier schéma directeur… elle fait apparaître très distinctement les blocs fonctionnels, les référentiels de données…

– Un schéma directeur n'est qu'une carte virtuelle, Paul, un modèle qu'on aspire à faire émerger de la réalité, mais pas la réalité. On ne sait d'ailleurs pas à un instant « t » si la réalité projetée sera meilleure. Au fond, qui peut le savoir ?

– Mais qu'avez-vous en tête alors, Jean-Louis ?

– Je peux vous proposer un petit exercice qui devrait vous aider : dresser une nouvelle carte du SI qui apporte un niveau d'information utile pour atteindre le but tel que vous l'avez exprimé. Je vous envoie à l'instant la légende de cette carte par email.

Effectivement, trois messages apparaissent sur mon écran.

Secrotas commence son exposé :

– Je vous propose de mesurer trois métriques pour chaque application du système d'information.
La première est l'actif. J'entends par là la valeur qu'a le système du point de vue de ses utilisateurs. Cette métrique est rarement mesurée car on peut tergiverser des années sur ce que vaut un système : vaut-il la somme de ce qu'il a coûté, le coût de son arrêt pendant trois jours, la perte d'une image de marque s'il tombe ? C'est du reste souvent pour cela que l'on ne mesure que les coûts. Pour mesurer l'actif, osez faire fi de l'abondante littérature engendrée par le thème du capital immatériel. Utilisez une méthode simple, fondée sur une seule question : « Que ferions-nous sans ce système ? » Les utilisateurs vous répondront alors soit qu'ils doivent sortir d'un marché – ce serait, par exemple, le cas pour un commerçant électronique qui perdrait son site Web – soit qu'ils doivent remplacer le système par des petites mains et de la bureautique – un système comptable pourra toujours être remplacé par un tableur et des dizaines d'opérateurs.

– Au final, vous obtiendrez un chiffre approximatif en euros. Cette valeur donnera la surface de nos applications, comme l'explique mon premier message :

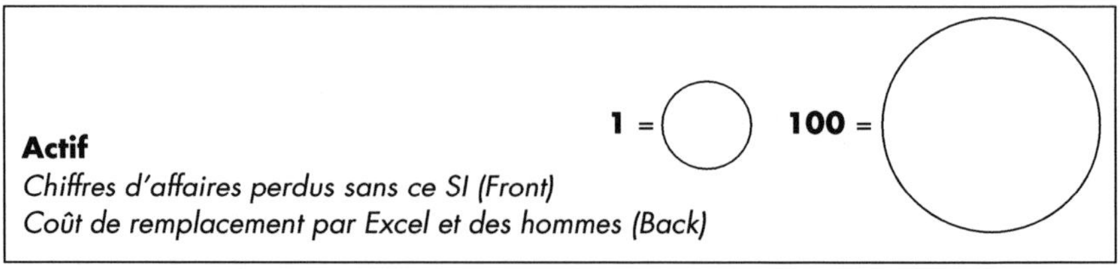

– La deuxième métrique est le coût total de l'application. J'insiste sur le total. Il s'agit d'évaluer l'économie annuelle que réaliserait la Générale si elle supprimait ce système. Cette économie prend sa source jusque dans les activités de construction et d'exploitation, souvent séparées dans des budgets différents – par exemple x euros d'études et de développement et y euros de machines, licences logiciels, heures d'astreinte, etc. Vous utiliserez une teinte allant du clair au foncé pour matérialiser ce coût en pourcentage de la valeur. Plus un actif est clair, plus son rapport valeur/coût est intéressant ; plus un actif est sombre, moins il est utile à l'entreprise ; et un actif gris coûte autant qu'il rapporte :

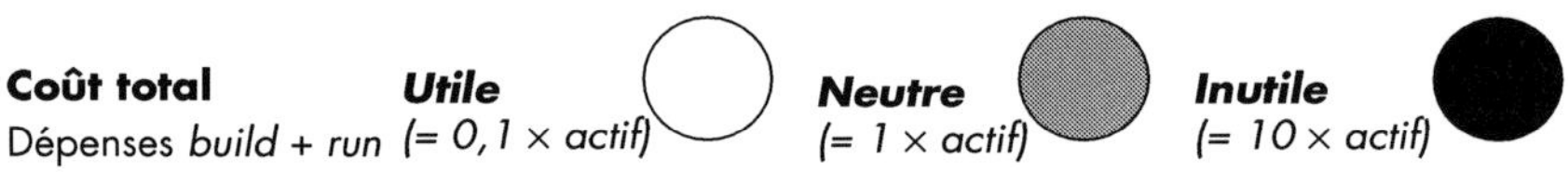

– La troisième et dernière métrique est le passif de chaque système, c'est-à-dire la dépense qui serait nécessaire pour ramener l'application vers des normes de productivité cohérentes avec votre but. Là encore, descendez sur le terrain, et posez simplement la question : « Quel serait le niveau d'investissement nécessaire pour que cette application revienne à l'état de l'art de la productivité ? » Vos collaborateurs pourront chercher à évaluer la dette technique accumulée avec le temps, dette à l'origine des coûts et des risques d'aujourd'hui : strates accumulées sans jamais nettoyer le fond, données en doublons, testabilité difficile, obsolescence technique. Ils réfléchiront alors à un projet de remaniement qui permette, par exemple, d'homogénéiser, de factoriser, d'ajouter des tests automatiques ou de mettre à jour la technologie. Pour finir, vous représenterez le coût ainsi évalué de ce projet en pourcentage du coût total calculé précédemment : 10 % un contour fin, 100 % une croûte épaisse.

Passif *Coût de remise à l'état de l'art*	***Peu endetté*** = *(= 1/10ᵉTCO)*	***Très endetté*** = *(= TCO)*

– Paul, d'après vous, à quoi ressemblerait la carte du Système d'Information représentée avec cette légende ? conclut-il.

Je réfléchis un moment. Il m'énerve avec ses bulles de savon et ses chiffres « à la louche » ; j'ai l'habitude des *vrais* chiffres, moi ! J'essaie de rester calme. Je commence à lister les éléments qui me viennent à l'esprit : beaucoup d'applications dont les métiers pourraient difficilement se passer, bon rapport qualité-prix dans l'ensemble, passif limité grâce aux programmes d'urbanisation et de réécritures entrepris sous mon autorité, quelques moutons noirs le long de la route…

Je me lance dans un brouillon de dessin, mais déjà Secrotas prend congé poliment, et nous invite à le solliciter dès que nous aurons les premières esquisses.

Kasperski m'aide à formaliser mes intuitions. Nous les consignons dans une première carte.

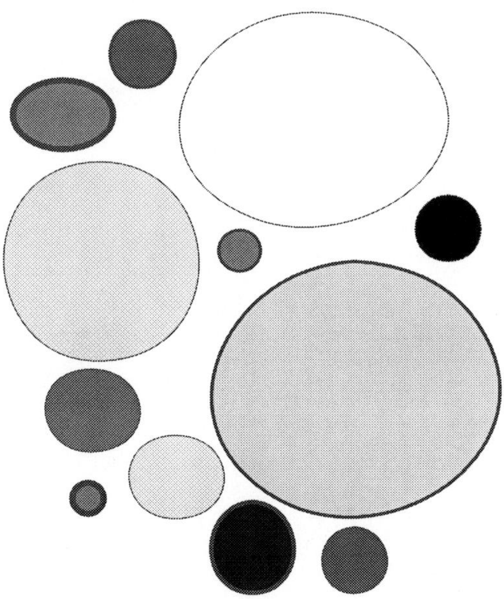

Tout à coup, avant que je ne le lui suggère, il me demande de combien de temps il dispose pour mener un premier niveau d'enquête.

Je lui donne quinze jours et ma bénédiction…

*

*   *

Il est plus de 19 h quand Kasperski entre dans mon bureau en brandissant des papiers avec une moue gênée.

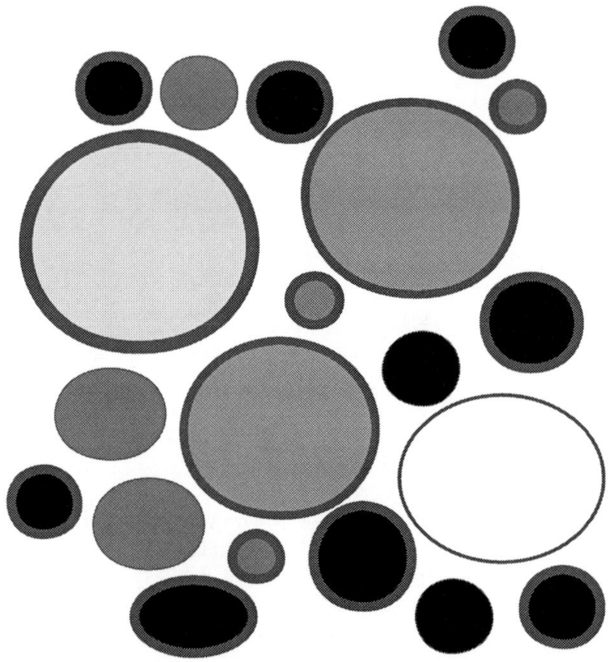

Le quotidien qui m'a envahi ces dernières semaines m'a presque fait oublier la carte, et surtout mon ultimatum.

– Paul, j'ai rencontré plus de vingt équipes, interviewé en groupe les métiers et les informaticiens, et consolidé le résultat dans cette carte, dit-il en dépliant son ouvrage.

Et d'ajouter :

– C'est plus noir et croûté que prévu…

Il a réussi à me mettre immédiatement en colère. Je l'invective :

– Je dépense une part colossale du budget en contrôle qualité, en normes et procédures, en standards d'architecture, en composants mutualisés et vous me représentez le SI comme une sorte de décharge pleine de boules puantes, où la moitié des logiciels seraient pourris et devraient être remplacés !

Puis de m'excuser :

– Désolé Kasperski, vous n'y êtes pour rien. Les délais de livraison s'allongent, les clients n'ont pas ce à quoi ils s'attendent, et l'informatique coûte de plus en plus cher. Maintenant, en plus, avec ce type de schéma, il m'est impossible de défendre son rapport qualité/prix ! Mais il reste un élément qui m'échappe : nos collaborateurs sont vaillants et compétents, ils ont tous des missions précises, qui participent d'une manière ou d'une autre à la réalisation du but, qu'ils soient développeurs, exploitants, acheteurs, architectes…

– On peut prendre l'hypothèse que chaque département fonctionne de manière optimisée, et que le grand horloger, vous en l'occurrence, n'êtes pas assez compétent pour coordonner le tout. Mais je ne pense pas que ce soit cela la bonne approche. La DSI n'est pas une horloge, ce serait plutôt un ensemble de cercles, vicieux ou vertueux, entrant en résonance les uns avec les autres : l'optimum de l'un peut nuire à l'optimum de l'ensemble.

– Hum. Appelons Secrotas, je veux son avis.

Bientôt sa voix résonne dans le haut-parleur :

– En effet, d'une manière générale produire de la valeur ajoutée nécessite de coordonner les efforts, de synchroniser les nombreuses ressources de l'entreprise : développement, marketing, vente, production, finance… Ce débit de valeur ajoutée se trouve à la merci du maillon le plus faible de la chaîne. Vous êtes d'accord avec moi Paul ?

– Oui. Mais pouvons-nous dérouler le raisonnement sur un exemple d'optimisation locale, celle des prix de revient par exemple ?

– En voulant optimiser les coûts on néglige souvent l'importance de certaines ressources contraintes, qui pèsent sur l'ensemble de la chaîne en ce qu'elles en dictent le débit maximal. Par exemple, les achats décident de s'adresser à un fournisseur de roulements à billes moins cher mais livrant moins vite, avec comme résultat final d'assécher la contrainte, c'est-à-dire le poste d'assemblage du train avant, qui utilise ces roulements. La comptabilité analytique va saluer une diminution des prix de revient (et l'acheteur obtiendra sa prime), mais le débit de voitures aura diminué, ainsi que l'efficacité de l'entreprise au regard de son but. Sur ce poste goulet, il vaut mieux choisir un fournisseur plus cher mais plus fiable.

– Je sais. Lorsque nos achats font un but à part entière de la diminution du prix de revient des prestataires informatiques, ils peuvent s'opposer à l'objectif principal qui est de maximiser le débit de demandes mises en production... Comme disait un de mes amis CIO : « *If you pay peanuts, you get monkeys.* »

– Cela peut même aller plus loin dans les effets pervers. Dans l'industrie, le pilotage par les prix de revient encourage à faire des stocks – or plus personne aujourd'hui ne souhaite faire des stocks, c'est-à-dire immobiliser du capital. En effet, quand les ventes vont mal, il convient de baisser l'activité pour s'aligner sur la demande. Mais alors, les coûts unitaires grimpent, puisqu'une grande partie de ces coûts n'est pas variable mais fixe : on ne supprime pas les gens ou les machines comme ça, même si on ne les utilise pas ! Pour préserver l'optimum local des « prix de revient », on va donc surproduire en période de sous-activité !

– J'imagine que tout cela a des raisons historiques. La méthode devait être pertinente au début du siècle, quand l'essentiel des coûts était variable, y compris le travail, payé à la pièce jusqu'au début du XXe siècle. Aujourd'hui, c'est souvent l'inverse, l'essentiel des coûts est fixe – les salaires sont payés à l'heure, pas à la pièce – mais la méthode de comptabilité analytique n'a pas évolué.

– Exactement, comme quoi il est temps d'évoluer !

J'enrage de n'avoir pas réfléchi davantage auparavant en ces termes, car tout m'apparaît de manière limpide à présent : non seulement il y a les achats qui diminuent les coûts unitaires de main-d'œuvre au détriment de la qualité des logiciels produits, mais il y a aussi les représentants des utilisateurs qui tentent de « bien » cadrer la création de logiciel, en accumulant les demandes métier dans des cahiers des charges qui – sous couvert d'exhaustivité – ne distinguent plus le nécessaire du superflu. C'est ainsi que les architectes « simplifient » le SI en créant des guichets normatifs où s'empilent les demandes des projets, que les délais sont encore allongés, et qu'au final, des monstres voient le jour dans la douleur, parfois adaptés mais toujours inadaptables...

Et tout ceci n'accorde pas une grande valeur au temps ! Alors que la maîtrise du temps est la vertu qui peut entraîner toutes les autres : les coûts bien sûr par effet mécanique, mais aussi la qualité, car pour livrer vite en toute sécurité il faut l'augmenter...

Et si on arrêtait la quête de systèmes adaptés à tout pour se consacrer à bâtir des systèmes adaptables !

Le téléphone sonne, interrompant mes pensées :

- Oui, j'écoute.
- Ici Pichot de la direction commerciale. Vous êtes ailleurs ou en vacances Paul ?
- Pardon ?
- Vous avez dans votre boîte aux lettres un message que vous auriez peut-être dû lire avec attention...

Je me précipite sur mon ordinateur, Pichot est le directeur commercial et je ne l'ai jamais eu au téléphone pour autre chose que de gros soucis...

Effectivement, un message dix fois transféré, répondu et re-transféré avec désormais une vingtaine de destinataires appartenant à quatre niveaux hiérarchiques vient de me parvenir :

From : Stéphane Pichot
Tr : Tr : Re : Alerte, bug sur le site Internet suite mise en production version 3.12

Paul, faites quelque chose, vite.

SP.

>
> ... vous vous foutez de ma gueule !!! On est en train d'offrir un voyage en
> Martinique à tous les mecs qui font un virement sur notre site bordel !!!
> ...
>
>>
>>... on a développé la nouvelle fonctionnalité de super pactole pour le
>> 100 000e virement...
>> ... depuis qu'on a atteint les 100 000, chaque nouveau virement indique
>> « vous avez gagné le pactole », est-ce normal car il n'était pas spécifié
>> que l'on doive remettre le compteur à zéro ?...
>>

Je tourne la tête pour regarder la nouvelle carte d'état-major : la bulle « site Internet particulier » est noire, avec une énorme croûte rouge. Je sens mon sang se glacer. D'après la carte, cela signifie que la dette technique est monstrueuse, donc que la correction prendra du temps, et que l'on a toute chance de déclencher d'autres bugs...

– Kasperski, je gère l'urgence ce soir et cette nuit. Pour le reste, on commence lundi. 8 h dans mon bureau. Excellent week-end.

Chapitre 3

Un week-end à la soute

« Les conneries, c'est comme les impôts,
on finit toujours par les payer. »

MICHEL AUDIARD

Il est 17 h 30 lorsque je me rends dans le bureau du responsable des systèmes Internet. Je ne le trouve pas à sa place, mais un de ses collègues vient à ma rencontre, manifestement mal à l'aise. Il me raconte que le programme a été mis en production par un prestataire il y a un mois, mais que le premier gagnant n'est arrivé qu'hier. Comme le projet était fini, la prestation a été terminée, conformément à la règle.

J'interroge :

– Donc vous me dites qu'il n'y a plus personne pour réparer ce programme qui sélectionne les gagnants et envoie des messages ?

– C'est-à-dire qu'il est compliqué, il touche à d'autres programmes, j'ai commencé à réunir les différents intervenants…

– Comment ça compliqué ? Vous plaisantez ! Un programme qui sélectionne un nom et envoie un mail ?!

– En fait le programme est en deux parties puisque pour l'envoi des messages nous utilisons la plate-forme de messagerie multicanal du Groupe. C'est un gros sponsor du projet.

– Pfff… Et quelle est la technologie là-dessous ?

– Ça dépend où, mais du côté du problème c'est en gros du XSB12 et du NET43. Autour, il y a bien sûr des plates-formes GB3, des bases DUBI8, des interfaces SQOP, des…

– Bien, merci, je vais dépêcher quelqu'un directement. Prévenez ce qu'il reste de vos troupes sur le terrain que quelqu'un arrive.

– Mais, il n'y a plus personne, monsieur Boulier, comme je vous l'ai dit…

– C'est vrai qu'il n'y a plus un seul sachant. Alors vous pouvez partir en week-end ! Ou peut-être est-ce le moment d'organiser un comité de réflexion transverse sur la stratégie de résolution des incidents ?

Respirer. Se calmer. Il va falloir trouver des pompiers de service, mais qui ? Réfléchissons. Il y a Jérôme, un jeune trentenaire, à l'aise dans plusieurs technologies, dont celles qui nous préoccupent. Il peut agir dans tous les compartiments du jeu informatique – de l'interprétation des besoins à la mise en service de programmes – là où plusieurs de nos ressources standard sont nécessaires, et doivent de plus être coordonnées.

Je l'appelle :

– Allô, les pompiers ?

– Ah non monsieur Boulier. On est en week-end là !

– Écoutez Jérôme on a un gros problème ici. Un mailer soi-disant intelligent s'est mis à distribuer des cadeaux à tous nos clients.

– Pff. Il faut que cela arrive alors que j'ai une pinte de bière à la main. Vous ne pouviez pas appeler une autre poire ! Au fait, c'est quoi les cadeaux ?

– Le compteur est resté bloqué sur un voyage en Martinique…

– Waw ! Vous m'en offrez un si je vous tire d'affaire ?

– Vendu !

– Avec ma copine ?

– D'accord.

– J'arrive.

*

*   *

Je me tiens derrière le dos de Jérôme dans un grand *open space* déserté. Il a pris connaissance du problème depuis une heure, et la seule chose que je puisse faire est d'essayer de lui simplifier au maximum les choses. C'est comme dans un épisode de *24 heures chrono* mais je ne suis pas Jack Bauer. Je ne comprends rien à ses manipulations sur le clavier et à l'écran.

Tout à coup Jérôme tape du poing.

– ...tain on n'y arrivera pas comme ça, c'est un plat de spaghettis, j'ai rarement vu ça. J'ai fait quelques modifications mais il y a des bouts du système que je ne peux pas atteindre, ni même tester d'ici. Je suis dans un environnement restreint au programme de sélection des gagnants, or il utilise tout un tas d'autres programmes comme la plate-forme de messagerie Groupe et le référentiel client central.

– Qui pourrait nous aider à atteindre les autres programmes ?

– Ben si on veut faire vite, les types de la production. Sinon, vous devrez monter une « équipe transverse » qui mobilise tous les acteurs de la chaîne.

– Si j'appelle à cette heure je n'aurai que des opérateurs qui ne sauront pas aller au-delà de la procédure standard, or là on ne fait pas vraiment du standard...

– Oui c'est vrai, il faudrait joindre un gars qui connaît à peu près tout et qui a accès à tout. Bernard Gropiset, vous connaissez ?

– Je ne connais que lui ! Je l'appelle.

Bip Bip Bip.

– Bon, Jérôme, il ne répond pas. J'ai laissé un message pour qu'il nous rejoigne au plus vite. Je suis sûr qu'il sera là demain à la première heure. Vous pourrez être présent également, disons vers 9 heures ?

– J'essaierai de penser aux îles… allez, à demain.

*

* *

Samedi

Il est 9 h 28 quand Jérôme pénètre dans l'*open space*, toujours empli de ma seule présence :

– Bernard ne devait pas venir ? dit-il.

– Il est là depuis une demi-heure, figurez-vous, et il est au téléphone sur haut-parleur.

– Salut champion ! résonne une voie sortant d'un combiné décroché. Le patron m'a dit qu'avec toi on en aurait à peine pour quelques minutes. Un test de bout en bout, une mise en production d'un programme, et hop retour dans ma campagne.

– Espérons. Pourquoi n'es-tu pas ici pas avec nous au 22e ?

– Je travaille au 2e sous-sol. Parce qu'on ne peut pas changer les programmes à distance, ni du 22e, ni de chez moi.

– Ah.

Jérôme utilise les accès de Bernard et déploie son programme modifié dans les environnements de test du référentiel client. OK, les deux systèmes ont l'air de fonctionner ensemble, un client « test23 » sera utilisé pour l'essai. Un virement de test lancé.

Maintenant la plate-forme de messagerie. Nos yeux sont rivés sur l'écran de contrôle des messages aux gagnants qui est pour l'instant vide. L'instant dure une éternité. Le virement pour le client « test23 » apparaît enfin à gauche. Que va faire le programme ? Le silence règne, je retiens mon souffle en observant l'écran des gagnants. Jérôme pousse un cri. Ce n'est pas un mais deux messages qui viennent d'apparaître !

– J'étais sûr qu'ils ne nommaient pas leurs variables de la même manière dans les différents programmes que j'ai dû modifier. J'ai dû m'emmêler les pinceaux entre deux données. En même temps il n'y a pas deux programmes qui se ressemblent, à croire qu'ils ont été triturés par mille mains connectées à des cerveaux qui ne se seraient jamais parlé !

– Pas impossible, une partie de la maintenance est mutualisée dans nos usines *near-shore* et *off-shore*..., suis-je obligé de reconnaître.

Me laissant abattu, Jérôme saute sur son clavier et se met à taper comme un fou, le téléphone coincé sur son épaule.

– Allô Bernard ? Marche arrière toute. Il y a un nouveau bug. Deux messages à la fois.

– Ah ben bravo le p'tit génie. Je ne te félicite pas.

– N'en rajoute pas s'il te plaît.

– Je vais faire ma petite enquête dans ce plat de spaghettis de mon côté... je vous tiens au courant.

– Tu as vu, il neige !

– Sous mille tonnes de béton, on n'est pas dérangé par des visions bucoliques. Les néons néonnent toujours. Va donc bosser au lieu de contempler le paysage !

Quelques minutes plus tard :

– OK c'est bon cette fois-ci ! éructe Jérôme.

– J'active les mêmes programmes ? répond Bernard.

– Oui, les mêmes.

Cette fois, la peur est palpable. Dans le système en production, on est à plus de 10 000 opérations, c'est-à-dire 10 000 voyages en Martinique, alors que l'on attendait à peine 200 gagnants, et un seul voyage. Le compteur continue de tourner sur l'écran de contrôle...

Cette fois-ci la correction fonctionne enfin. Plus de messages dans la plate-forme de tests. Il ne reste plus qu'à remplacer les programmes en production.

– Bernard, ça roule. Tu peux tout passer en production !

– *Go* ! entend-on résonner gaiement dans le haut-parleur... Alors ?

L'écran de contrôle s'est arrêté depuis 1, 2, 3, secondes… pas de messages, malgré un virement passé… 4, 5, 6… nous retenons toujours notre souffle… 10 secondes, l'hémorragie semble endiguée. Enfin. Nos regards se croisent, heureux et complices.

Bravo les gars ! Je ne vous offre pas un verre qui abuserait encore de votre précieux temps de week-end. Je ferai le point avec vos responsables dès lundi. Reposez-vous bien.

*

* *

Dimanche.

J'ai mal dormi. Ce bug m'a fait cauchemarder toute la nuit. Il est à peine 6 heures du matin quand je décide d'allumer mon ordinateur pour tuer le temps avant le réveil du foyer. Tiens, je vais faire mes comptes. Bonne nouvelle, un peu de liquidité traîne sur le compte-courant, j'opère un virement vers mon compte épargne.

Une vision d'horreur s'échappe alors de l'écran : « Bravo Paul, vous avez gagné notre super-cagnotte, un voyage en Martinique ! »

Je dors encore, ce n'est pas possible. Je me pince. Toujours le message à l'écran. Je vérifie mes mails. Un nouveau message de la Générale et daté d'aujourd'hui 6:13 est apparu : « Cher gagnant… »

Non !

Je ronge mon frein jusqu'à 8 h 30 avant d'appeler Bernard et Jérôme. Bernard est en colère, et Jérôme en piteux état, il est sorti tard hier soir…

Quand nous nous retrouvons à 10 heures, je décide de réunir l'équipe au sous-sol chez Bernard pour être plus efficaces ensemble.

Jérôme a la migraine. C'est finalement Bernard qui diagnostique rapidement le problème :

– Un programme de nuit[2] qui n'a pas été modifié hier a effacé les informations gagnant/pas gagnant en mettant à jour les données client du site Internet à partir du référentiel central. Du coup notre programme de gestion du concours repart comme en quatorze, pensant qu'il n'a pas encore de gagnant.

– Mais alors, cela signifie que ce deuxième bug existait depuis le début ? dis-je.

– Le premier bug a occulté celui-ci, mais effectivement si nous n'avions pas déjà 3 000 gagnants par jour, mais seulement les 200 prévus, nous recommencerions à zéro le lendemain !

– Et personne n'a jamais testé cela ?

– Ce programme se lance dans les chaînes de traitement nocturnes qui sont difficilement testables vu les volumes de données énormes à gérer..., poursuit Bernard. En revanche, je peux le désactiver assez facilement.

– Ah oui ? Et demain on éteint quoi ? La comptabilité ? réplique sèchement Jérôme.

Je réfléchis. Si je leur demande de réparer encore cette erreur maintenant, la dette technique va continuer à empirer : un nouveau bout de code au milieu d'un patchwork métastasé par copié/collé, et encore un programme sans test incapable de dire s'il marche ou pas. À ce rythme, mieux vaut éteindre tout ce qui ne satisfait aux critères minimaux de qualité, au lieu d'essayer de réparer désespérément l'irréparable. On verra plus tard comment réagira l'organisation.

Je lance :

– Bernard, pouvez-vous recharger les données clients d'hier et éteindre ce programme de nuit ?

– Cela doit être faisable.

– Mais vous êtes fou ? s'énerve Jérôme. Vous n'imaginez pas toutes les manipulations que réalise ce programme : il recopie les nouveaux clients, les anciens, ceux qui changent de nom, de sexe ou que sais-je encore ! Si nous le neutralisons, plus rien ne fonctionnera !

– Pour l'instant, ce programme contient des fonctionnalités cachées qui ne font partie d'aucun cahier des charges. Pour celles que vous citez, ce sera peut-être l'occasion de secouer les gens en vue d'améliorer la testabilité du système. Jusqu'à ce week-end je pensais que la dette technique était due à l'obsolescence technologique, mais je m'aperçois que c'est plutôt le manque de clarté et de testabilité des programmes qui tue notre productivité.

– Effectivement, les technologies changent mais les programmes restent. Dans la vie « rien ne se crée, tout se transforme » ; mais dans le SI, rien ne se transforme, tout se garde, philosophe Bernard.

– C'est vrai qu'au cours du week-end, nous avons finalement passé 99 % de notre temps à comprendre des systèmes obscurs et à tester avec les moyens du bord..., renchérit Jérôme.

Je conclus, paradoxalement enthousiaste :

– Imaginez ce que serait la vie dans notre Système d'Information si « clarté » et « testabilité » devenaient la norme !

Au bout de quelques heures, tout est enfin réglé. Enfin, « réglé », rien n'est réglé. Le bug s'est arrêté, mais il est toujours là, et nous avons désactivé une chaîne de traitement qui avait très probablement son utilité. Tout commence, en fait.

En rentrant chez moi, je réfléchis et me demande pourquoi il y a dans notre organisation tant de responsables encadrant des ressources obéissantes et spécialisées, et si peu de Jérôme ou de Bernard. Peut-être parce qu'ils gagnent moins qu'un manager ? Ou que leurs perspectives de carrière sont moins intéressantes ? Difficile à accepter, mais c'est sans doute parce que nous ne valorisons pas les profils de ce type « contremaître » que nous n'en avons pas. Le système est polarisé sur le management, faire est donc devenu sale...

Quand j'introduis la clé dans la serrure de mon domicile, il est presque 11 heures du soir. Tout est silencieux. Je monte lentement les marches du grand escalier. Un rai de lumière s'échappe de la chambre de Luc, mon aîné, à qui j'ai pourtant interdit de veiller pour mieux se concentrer sur ses études, jusqu'à présent peu brillantes. J'ouvre délicatement la porte pour m'apercevoir qu'il dort en fait profondément, un bras pendant hors du lit, et a simplement oublié d'éteindre sa lampe de chevet. Tandis que je m'approche de l'interrupteur, un détail attire mon attention. L'aiguille d'une seringue dépasse de sous le lit, et à ses côtés traîne une petite cuillère noircie. Saisi de panique, j'attrape son poignet pour prendre son pouls. Dieu soit loué, son cœur bat. Le mien en revanche s'est arrêté. Que s'est-il passé ? Comment n'ai-je rien vu venir ? Mais quel aveugle ! Et tout, de me revenir en mémoire : les déjeuners où il était si « bizarre », son mutisme de plus en plus fréquent, ses absences…

Mais il y a des choses qui vont changer ici ! D'abord, lui parler, et obtenir la vérité : depuis combien de temps ça dure ? D'où vient la drogue, d'où vient l'argent ? Où en est-il avec ça ? Ensuite, check-up médical discret à la clinique de Jean-Hugues mon beau-frère et cure de désintoxication dans la foulée. Au fait, préparer la communication pour la famille… Bon, je descends me servir un whisky pour me calmer et mieux réfléchir.

3 heures du matin. Je remonte dans la chambre de Luc, qui dort toujours aussi profondément.

Mais, au fond, que sais-je de lui vraiment ? Depuis sa naissance, je pars au travail avant qu'il ne se réveille, et n'en rentre qu'après son coucher. Nous avons dû avoir, au mieux, une demi-douzaine de moments de complicité ces dix dernières années, et lorsque exceptionnellement nous avons une discussion, je m'évertue à le bombarder de jugements définitifs sur ce qu'il devrait faire de sa vie ! Lui ai-je jamais demandé ce qu'il désirait, lui ? Lui ai-je jamais demandé ce qui le bloquait dans ses objectifs ? Lui ai-je jamais fait confiance ? Au fond, c'est moi son overdose. Je fais partie du problème, tout autant que lui.

Il faut absolument que je change quelque chose. Il faut que l'on se parle enfin. Il faut que je sois là tous les jours avant 18 heures dorénavant. Un point c'est tout. Un point c'est tout, nom de Dieu ! Je ne peux donc plus micro-piloter mes équipes, je dois leur faire confiance, déléguer vraiment. Je vais seulement les aider à définir leurs *buts*, mais plus leurs *moyens*. Piloter par la vision, plus par le manuel de procédures.

Je fonds en larmes. Luc, papa revient.

Chapitre 4

L'innovation en action

« Les règlements sont faits pour les soldats et non pour les guerriers ;
la bataille se rit du code, elle en exige un nouveau,
innové par elle et pour elle,
et qui disparaît dès qu'elle est terminée. »

NAPOLÉON BONAPARTE

Le Guinness des records devrait enregistrer ce week-end comme le plus pénible de ma vie. Il n'est que 8 h 05 quand j'arrive à mon bureau et pourtant je suis déjà en retard ; Kasperski m'attend tranquillement, la mine affable, assis devant mon bureau. La paire de Samsonite sous mes yeux et mon allure abattue doivent lui inspirer de la pitié voire de la sympathie, me dis-je en m'affalant sur ma chaise.

– Kasperski, ce week-end dans la sueur et le cambouis a achevé de me convaincre de changer certaines choses (je n'osais aborder avec lui le déclencheur réel de cette motivation). Je souhaite tenter une expérimentation qui incarnerait notre nouvelle devise : « Maximiser le débit de demandes mises en production, sous contrainte de coûts, de risques et d'intégration ». J'hésite entre plusieurs possibilités...

– Quel horizon vous donnez-vous pour atteindre vos premiers résultats ?

– Disons trois mois maximum.

– Vous êtes conscients que dans ces délais, il faut monter une équipe *ad hoc* et contourner le processus standard de la DSI : préétude, décision d'investissement, planification, cahier des charges... Sachez qu'un projet vide, c'est déjà cent vingt jours/hommes et trois mois de délai.

– Vous m'avez déjà servi ce discours sur les limites à l'innovation imposées par nos diverses réglementations, Kasperski. Je suis peut-être inculte, mais pas totalement idiot. Oui, nous trouverons bien un « bocal » pour isoler une petite équipe des usages de la DSI. Reste à composer la biosphère en trouvant le qui et le quoi...

– Bien. À l'issue des trois mois, en imaginant que vous soyez à même d'exposer de bons résultats, quelles personnes souhaiteriez-vous convaincre qu'il s'agit d'une méthode à généraliser progressivement ?

– Typiquement, mes directeurs de département et, hors de mon périmètre, les représentants des utilisateurs qui sont nos donneurs d'ordre. Ce sont les deux catégories de responsables qui pourront impulser des changements à leurs troupes.

– En quoi un succès local, obligatoirement moins complexe que ce qu'ils gèrent au quotidien, pourrait-il constituer une référence à leurs yeux ?

– En effet, il y a un risque non nul de s'exposer aux « oui mais c'était un projet facile », « oui, mais ils n'ont pas à gérer tout l'existant, eux », « oui, mais ils n'ont pas dû se farcir la sécurité »...

– Comment pourrait-on atténuer ce risque selon vous ?

– En s'imposant le même genre de contraintes qu'eux, mais cela sera difficile dans un simple bocal...

– Ne peut-on trouver un moyen de répliquer des contraintes dans le bocal ?

– On pourrait, en réutilisant le même objet qu'un projet déjà en cours... Un projet qui aurait appliqué des recettes diamétralement opposées... Attendez. Bon sang, mais c'est bien sûr, le Global CRM[3] ! Ah ah ! Cinq ans que ça dure, deux ans sans livraison, des collaborateurs désabusés, des fournisseurs qui se servent sur la bête, des utilisateurs qui baissent les bras... Je devrais en pleurer, mais au moins on peut considérer que l'on tient notre « quoi », et sans doute aussi notre « qui » !

– Parfait. Comment allez-vous procéder ?

– Écoutez, je vais envoyer une convocation ciblée, retrouvez-nous à 14 h ici même.

*

*   *

Jean-Pierre est l'ancien adjoint du directeur de programme Global CRM. Il a démissionné du poste en claquant la porte, il y a deux ans. Il a tout de suite répondu à mon invitation à déjeuner, et nous nous retrouvons à la cafétéria :

– Comment allez-vous Paul ? Cela fait un bail !

– Très bien, merci. J'ai décidé de me lancer dans de grands changements pour m'arracher à la morosité du quotidien. Voyez d'ailleurs mon plateau-repas : impasse sur les frites, un fruit en dessert, pas de vin. Vous devez vous demander s'il s'agit bien du Paul que vous connaissiez !

– Nul doute qu'il n'en existe qu'un ! Je vous sens surtout d'humeur chafouine, vous n'auriez pas une proposition indécente à me faire par hasard ?

– Peut-être, peut-être. Mais parlons d'abord de votre expérience sur Global CRM. J'en suis resté à votre démission fracassante pour cause de « divergences d'opinion » avec la direction du programme.

– Mauvais souvenir. Je me suis battu pendant trois ans pour faire accoucher ce projet d'un minimum de fonctionnalités, le mythe du grand soir a été le plus fort. À la fin j'étais seul contre tous : l'éditeur, les conseillers, l'intégrateur. Je n'avais plus aucun allié ; il fallait réaliser un logiciel qui adresse la vente, l'avant-vente, l'après-vente, à la carte, massive, pour les gros clients, les petits clients, pour tous les produits et dans toutes les régions ! Quand le directeur a imposé une extension à l'international, cela a été la goutte d'eau qui a fait déborder le vase !

– Je vois que la plaie est encore vive...

– Cela a été très difficile. Je n'aurais jamais pensé que défendre par le bon sens les intérêts de la Générale allait à ce point m'ostraciser ! Souvent, j'avais l'impression que les moyens s'étaient substitués aux fins. L'objectif n'était plus d'aider les banquiers à servir leurs clients, l'objectif était de conserver notre gros véhicule projet, lancé à toute allure sur des murs qu'il traversait intact grâce à de savants solos de guitare exécutés lors des comités de pilotage clés...

Fascinant. Son ressentiment sera à la fois un moteur (l'avantage rage), et un inconvénient pour ce que je vais lui proposer. Il ne pourra pas s'empêcher de positionner de manière évidente l'initiative pilote *contre* l'énorme programme, toujours bien en orbite. Cela dit, je m'en veux de ne pas l'avoir défendu davantage à l'époque. Je dois lui redonner sa chance :

– Écoutez Jean-Pierre, je me rends compte que nous tous, comme vous l'avez été, sommes victimes du tropisme bureaucratique des organisations ! Les normes servent le « plus de normes » et pas la cohésion du SI ; les achats servent le « plus d'achats » et pas le rapport qualité/prix de nos produits ; les représentants utilisateurs servent le « plus de cahier des charges » et pas la mise en production de fonctionnalités... et j'en passe.

– Oui, j'en ai au moins profité pour m'instruire : ce phénomène est connu sous le nom de loi de Parkinson, du nom de son auteur, qui l'a publiée dans les années 1950 ! Il démontre que, compte tenu du fait qu'un gestionnaire souhaite d'abord multiplier ses subordonnés, pas ses rivaux, et que les gestionnaires se créent du travail entre eux, le total des emplois dans une bureaucratie croît de 5 à 7 % par an, indépendamment de toute variation dans la quantité de travail à réaliser...

– Désolant ! Mais j'ai décidé de créer une opportunité, de démontrer que l'on peut réussir différemment. Je vous propose la direction d'un projet pilote dont le principe est de livrer en continu des demandes utilisateurs, avec l'objectif de constituer un précédent, une sorte de jurisprudence, pour le fonctionnement de la DSI.

– Rien que ça ! Mais c'est trop tard Paul, comme vous le savez, j'ai fui la DSI et j'ai trouvé un job tranquille au Marketing. Assez des batailles perdues d'avance, mes années Don Quichotte sont désormais derrière moi.

– Un moment, Jean-Pierre. OK, je vous promets surtout « du sang, de la sueur et des larmes », mais l'expérimentation ne durera que trois mois, et sera directement supportée par moi. La gloire est au bout du chemin si nous y arrivons ! Je ne peux pas croire qu'un homme comme vous se satisfasse d'un boulot de technocrate !

– Elle est un peu grosse votre ficelle Paul... pffff, et qu'est-ce qui vous fait penser que je ne me sens plus utile ou que je m'ennuie ?

– Votre œil n'a brillé qu'un seul instant depuis tout à l'heure, quand j'ai prononcé le terme « projet pilote ». On ne se refait pas, Jean-Pierre...

– Vous avez peut-être raison Paul. Mais je dois réfléchir, je vous donnerai une réponse dans quelques jours.

– Je n'ai pas tout ce temps, nous démarrons demain, en fait.

– Comment ça, il faut quand même que je prévienne et que je m'organise !

– C'est tout vu, je vais appeler votre patron ; il me doit un service. Quant à vos collègues, je ne vous interdirai pas de les revoir de temps en temps. Merci de votre aide Jean-Pierre.

Et d'un. Quant à mon deuxième Barbare, je viens de passer le week-end avec lui. Il devrait être moins difficile à convaincre...

Un frisson de plaisir m'envahit, sensation que je n'avais plus éprouvée depuis de lointaines batailles, images fugaces, instant proustien.

*

* *

Il est 14 h 30 dans mon bureau. Jérôme s'est installé sans la moindre résistance dans la fonction de responsable technique du projet ; le week-end a eu au moins cela de positif. Jean-Pierre laisse libre cours à son cynisme quand il évoque Global CRM (« Vous savez, depuis qu'on a mis en production le lot 1, on ne vend pas moins. »). Kasperski est en retrait, comme d'habitude. L'ambiance est chaleureuse, mais je dois maintenant mobiliser l'équipe sur l'action :

– Chers amis, pour livrer en continu, il nous faut imaginer un flux de demandes dont chacune pourrait être saluée par des « merci ! » ou des « enfin ! ».

Les visages restent interloqués, je poursuis :

– Personnellement j'ai souvent entendu les agences me demander de faciliter des opérations de transformation récurrentes : joindre deux comptes en cas de mariage, les diviser en cas de divorce, modifier le statut d'une micro-entreprise en société anonyme, etc.

– Intéressant, poursuit Jean-Pierre. Moi, j'ai observé qu'énormément de temps du personnel en agence était consacré à la recherche de références, qu'il s'agisse d'information clients, produits, employés, statistiques, ou de modèles de document, en vue d'effectuer une autre opération. Par exemple, pour proposer une assurance-vie, il faudra retrouver la référence du compte-courant du client, et pouvoir répondre à sa question sur le rendement moyen constaté de ce produit. Un système de recherche unifiée « à la Google » pourrait peut-être s'avérer utile.

– Oui, mais en plus il faudra prévoir la sécurité pour ne pas permettre à tout le monde d'accéder à tout, et imaginer un outil générique qui permette de collecter toutes les données dans les différents systèmes source, dis-je.

– OK, et on peut tout de suite anticiper une connexion au portail interne et prévoir un fonctionnement dégradé en mode nomade, poursuit Jérôme.

Jean-Pierre l'interrompt et s'adresse directement à moi en élevant sensiblement le niveau des décibels :

– Ah non, cela ne va pas recommencer ! Je suis venu ici pour de l'action ! Je croyais que l'on devait changer de méthode, on n'est pas supposé travailler sur des plans mais sur de la livraison en continu !

– Bien sûr Jean-Pierre ! Mais pour livrer en continu, il faut pouvoir modifier le logiciel aujourd'hui comme demain. On ne peut s'exonérer de prévoir un minimum les besoins futurs, et s'accorder sur des plans permet de minimiser le coût des évolutions futures, non !?

À ce moment-là, Kasperski tente de calmer le jeu :

– Écoutez, je pense que nous avons tous le même objectif de « livrer en continu », mais nous entrevoyons toutes sortes de solutions pour y parvenir. Je vais tenter une reformulation des idées que vous avez émises.

Il prend un feutre et dessine promptement au tableau :

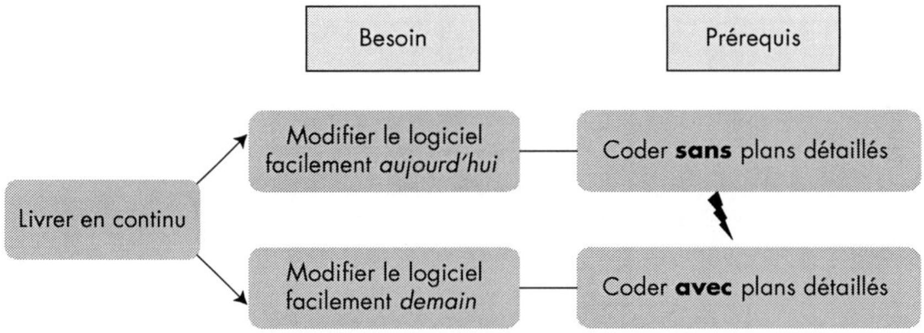

Le silence se fait, et il commente son schéma :

– Chaque relation de droite à gauche décrit une condition nécessaire, fondée sur une hypothèse, un modèle mental. Pour livrer en continu, il est nécessaire de modifier le logiciel maintenant comme demain (les besoins). Pour Jean-Pierre, livrer vite nécessite donc de coder au plus tôt, sans plans détaillés chronophages (le prérequis).

– Exactement, pour moi ce qui est important c'est l'équipe plus que les plans, ajoute Jean-Pierre.

– Pour Paul, il faut produire des plans qui permettent d'éviter les gros changements qui seront chronophages plus tard. La Théorie des Contraintes[4] de Eliyahu Goldratt nous enseigne que dans ce type de conflit, l'une des hypothèses sous-jacentes à ces relations « est nécessaire à » est forcément fausse. Laquelle d'après vous ?

Jérôme saisit la balle au bond :

– Je ne connais pas cette théorie des forces contraires machin, mais je suis convaincu qu'il existe des techniques de programmation qui rendent le changement peu coûteux…

– Lesquelles ? dis-je en l'interrompant.

– Par exemple la technique qui consiste à coder autant de programmes de tests que de programmes tout court. Lorsque survient un changement qui nécessite de remanier le code, les tests automatiques permettent de garantir que ce qui marchait avant marche encore. C'est un harnais de sécurité puissant pour se lancer dans des modifications profondes en toute sécurité. À l'inverse, les anticipations planificatrices que j'ai pu voir à l'œuvre ont toutes invariablement échoué à prévoir l'imprévisible. La seule certitude, c'est que lorsque le besoin est là, il faudra livrer vite ! Je milite donc clairement pour la première hypothèse !

Pendant ce temps, Kasperski note au tableau :

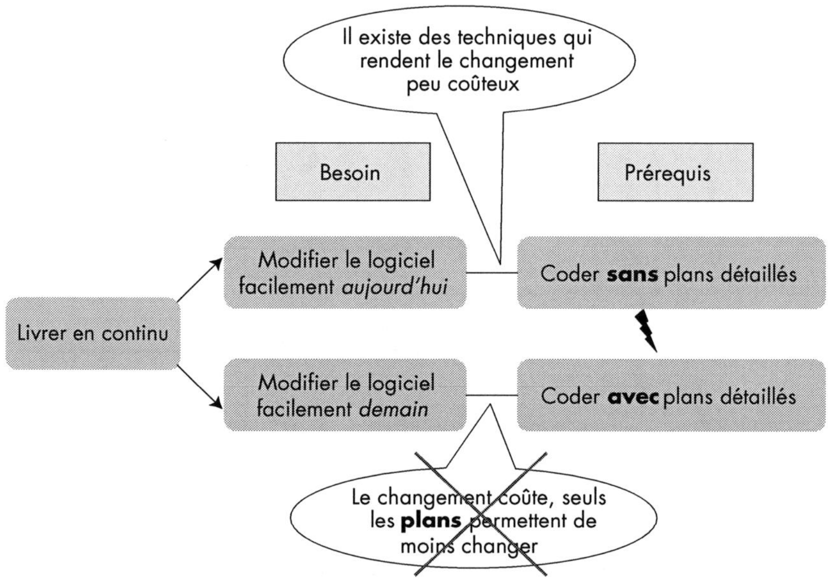

Devant l'assentiment général déclenché par la tirade de Jérôme, je conclus l'échange façon grand seigneur :

– Très bien, vous m'avez convaincu. Il faut donc chercher le plus petit truc qui pourrait créer de la valeur pour les utilisateurs, puis répéter cette démarche jusqu'à obtenir un ensemble utile.

– Avoir les moyens de réaliser vite pour pouvoir décider tard..., songe tout haut Jean-Pierre. J'imagine l'angoisse pour la plupart des managers frileux du SI, qui tentent de se rassurer avec des plans ultra-précis !

Kasperski l'interrompt :

– Essayez d'avoir plus de compassion que de mépris pour les gens différents de vous, Jean-Pierre, et vous découvririez peut-être une vertu derrière ce qui ne semble être qu'un défaut.

Puis il poursuit, comme si de rien n'était :

– Devant le succès de cette première réflexion issue de la TOC, je vous en propose une autre. Il s'agit de tester la pertinence d'une innovation, et donc de tester votre idée de base. Il suffit de répondre aux trois questions suivantes :

- Quelle est sa force, qu'apporte-t-elle de nouveau ?
- Pour une entreprise qui souhaite la mettre en place, quelle limitation à ses performances permet-elle de lever ?
- Et enfin, quelles sont les règles, tacites ou explicites, qui permettent à cette entreprise de vivre avec cette limitation, et qu'il faudra remettre en cause pour tirer parti de l'innovation ?

Jérôme est le plus prompt à réagir :

– Quelle est sa force, qu'apporte-t-elle de nouveau ? Il s'agit de permettre de rechercher un client, un contrat, un produit, un employé ou une statistique en une seule opération.

Jean-Pierre enchaîne :

– Pour la Générale, en quoi cela conduit-il à faire contrepoids à la limitation de ses performances ? La recherche de références représente empiriquement de 10 à 30 % du temps de nos dizaines de milliers d'agents, en *back-office* ou au contact du client. On pense pouvoir diminuer de moitié ce ratio avec un tel système.

Je conclus :

– Quelles sont les règles, tacites ou explicites, qui font que la Générale a pris l'habitude de vivre avec cette limitation ? Je vais vous dire ce que j'en pense : l'organisation en silos spécialisés bien sûr ! Pour toutes les réponses que pourrait rendre un seul moteur de recherche transverse, il existe aujourd'hui un spécialiste par catégorie : le centre d'expertise crédit pourra vous renseigner sur tous les prêts possibles, mais il ne connaît rien aux contrats d'épargne ; du reste, la sécurité lui interdit de les consulter !

L'équipe s'observe tranquillement. Le but est désormais clair et partagé. Inutile d'en rajouter, la complicité s'est substituée au traditionnel contrat. Quant aux autres traditions de la Générale, chacun a pleinement conscience de ce qui est en train de se jouer : les règles du projet informatique sont enfreintes avec ma protection, mais bientôt nos travaux impacteront des règles de cloisonnement bien plus profondes… Les regards font penser à ceux de guerriers avant la bataille, à la fois enivrés et graves.

*

*   *

Il est 9 heures quand Jérôme rejoint la grande salle que l'on a réservée au projet. Pour une fois, tous les acteurs sont réunis dans un même lieu. Une jeune femme est là, elle fait part de son expérience avec beaucoup d'énergie et produit quelques schémas au tableau. Autour d'elle, Jean-Pierre et deux programmeurs sont assis et l'écoutent attentivement. L'ambiance semble détendue.

Après son départ, Kasperski commente :

– Dans ce qui vient d'être dit par notre amie chef d'agence, qu'est-ce qui d'après vous est le plus important pour elle ?

– Son bonus à la fin du mois ! répond un programmeur.

– Très drôle, poursuit Jean-Pierre. J'ai l'impression qu'elle nous a raconté une seule et unique histoire finalement : celle d'un salarié de la Générale, qu'il soit conseiller en agence ou expert en *back-office*, incapable de fournir une réponse à un client.

– Oui, dès lors que la question sort de son champ direct d'expertise, précise l'autre programmeur.

– Quel est le système qui permettrait de lever cette limitation ? demande Kasperski.

– Ben on l'a déjà dit : un moteur de recherche.

– On ne va tout de même pas indexer toute la Générale de Banque aveuglément. Qu'est-ce qui, de manière sûre, résout déjà un problème concret dans ce contexte global ? interroge Jean-Pierre.

– Ah oui, ça me revient, avance Jérôme. Le coup du conseiller en agence qui se fait insulter parce qu'incapable de connaître le détail des contrats issus de partenaires de la Générale : l'assurance du prêt ou le crédit à la consommation, par exemple.

– Voilà un bon point de départ, commençons donc par construire cette fonctionnalité, sans rien d'autre, propose Jean-Pierre.

– Mais, et la personnalisation par profil, l'intégration au portail d'entreprise, la sécurité ? gémit un programmeur.

– Si nous fournissons juste un système basique, tout seul, que dira la chef d'agence ? poursuit Jean-Pierre.

– Probablement « merci », enfin j'espère.

– Alors produisons déjà ça. Il sera toujours temps après d'ajouter ce que les utilisateurs nous suggéreront.

Jérôme intervient alors :

– Avant de procéder à la division habituelle des tâches, je propose d'adopter la méthode suivante : découper le logiciel en petites fonctionnalités comme « Collecter les données d'assurance », « Présenter un écran de recherche », « Présenter un écran de résultat pour les crédits conso »...

– Qu'est-ce qui est nouveau là-dedans ? demande un programmeur.

– Pour chacune de ces « histoires », nous avons coutume de détailler dans des modèles ce que signifie « présenter un écran de résultat ». Or souvent ces modèles ne permettent pas de traduire toute la subtilité, la complexité de la demande. Je vous propose donc de les étayer par des tests dans des cas concrets.

– Comme par exemple « Étant donné un client avec un contrat X, le moteur de recherche devra donner le montant souscrit... » ?

– Plus précisément encore. Il faut être concret jusqu'au bout : « Étant donné le client Martin, 27 ans, avec un contrat d'assurance-crédit à 0,5 % sur un montant de crédit de 300 000 €, le moteur de recherche devra afficher 1 500 €. »

– Ah !

– Et ce n'est pas tout. Je voudrais écrire ces tests avant l'application elle-même, car écrire ces cas concrets nous aide à mieux comprendre et cerner le comportement attendu.

– Mais ils ne passeront pas, tes tests, puisque le code n'est pas écrit !

– Et oui ! Pas au début ! Mais c'est le jeu. Et vous verrez, tout le monde préfère passer du rouge au vert en écrivant le code qui obéit aux attendus, plutôt que l'inverse, quand les utilisateurs vous font passer du vert au rouge en s'apercevant des nombreuses erreurs et incompréhensions qui jalonnent le logiciel. En plus, le nombre de tests qui passent deviendra, vous verrez, un indicateur d'avancement très utile.

L'autre programmeur lève les yeux au ciel et poursuit :

– Si nous pouvons tester automatiquement l'application grâce à ces programmes, nous le pourrons demain, après-demain et dans dix ans non ? Dans nos méthodes traditionnelles, la charge de test est devenue le poste le plus important – et le plus dénué d'intérêt – dès que l'on fait une modification de l'application… là ce pourront être des robots automatiques…

Son camarade ajoute :

– Je trouve ça plutôt bien, seul un robot peut s'épanouir en passant un par un des cas d'usage et vérifier que le résultat est conforme à ce qui est décrit dans un cahier…

– Trêves de rêveries les gars ! Au boulot ! Maintenant à vous de me démontrer que le coût du test de non-régression n'augmente effectivement pas avec le temps ! conclut Jérôme.

*

*   *

Bernard, du département Exploitation, a rejoint l'équipe après un mois de travaux. La chef d'agence a assisté à la dernière démonstration du produit en construction et souhaiterait l'utiliser dès à présent.

Bernard réfléchit :

– Ça va gueuler. Vous avez beau être malins, ce sera difficile de collecter les informations pour votre moteur de recherche dans les différents silos de l'entreprise ; chacun avec ses équipes, son planning, ses priorités.

– Qu'est-ce qui pose problème ? On réclame juste des extraits de leurs données, demande Jean-Pierre.

– Vous ne suivez pas les règles. Ça dérange.

– Comment peut-on s'en sortir alors ?

– Je vois deux solutions : soit être patients et effectuer vos demandes *via* les canaux officiels. Avec un peu de chance, dans six mois, vous aurez peut-être quelques fichiers pour alimenter votre moteur. Comme on ne teste qu'à la fin, il faut prévoir quelques allers-retours pour les finitions, donc disons neuf mois.

– Et la seconde option ?

– Continuer à déroger aux règles.

– Comment cela ?

– Je connais les données dont vous avez besoin. Certaines transitent déjà dans le système décisionnel, les autres transitent sur nos plates-formes d'échange avec l'extérieur. Je peux vous fabriquer vos fichiers, mais quelqu'un doit me couvrir, je peux y laisser ma peau.

– J'appelle Paul ! conclut Jean-Pierre.

*

*   *

L'appel de Jean-Pierre m'extirpe d'un comité de pilotage interminable. Quand j'entre dans la salle dédiée au projet, j'ai tout d'abord une impression de désordre, puis mon regard est attiré par le nombre important d'informations « postées » sur les murs. Tiens, un tableau à trois colonnes *à faire/en cours/fini* et des Post-it indiquant les travaux dans chaque colonne… là un autre diagramme « vélocité » qui montre une courbe d'abord chaotique, puis stabilisée autour de onze demandes par itération. Une note indique « une itération = une semaine ». Mais donc… c'est le débit de demandes ! Impressionnant ; ce que je souhaite mesurer à un niveau global, ils le mesurent déjà localement, tout seuls comme des grands ! Il est donc possible de généraliser ce mode pilotage à toute la DSI…

Bernard me tire de mes pensées :

- Bon alors patron, on y va, ou bien ?
- Comment ?
- Je fabrique discrètement les fichiers dont ils ont besoin, oui ou non ?
- Oui, allez-y.
- Vous réalisez que cette action va invalider les investissements énormes réalisés jusqu'à aujourd'hui pour cloisonner l'information ?
- Il me semble que c'est justement cette règle que nous devons changer. Allez-y avec ma bénédiction. Dites-moi Jean-Pierre, la vélocité, vous pourriez me l'extraire de votre panneau paléolithique et la remonter dans une base de données ?
- Pff. On va déjà livrer un moteur de recherche, on verra peut-être plus tard pour tout ça chef ?! Un jour votre DSI ressemblera peut-être à la communauté GNU-Linux, mais bon en attendant…

*

* *

Dring !

- Allô oui, Paul Boulier, qui est à l'appareil ?
- Bonjour, Sylvain Fievet, chef d'agence à Boulogne. On m'a dit qu'il existait un moteur de recherche très utile qui a été expérimenté dans une agence pilote à Levallois.
- Oui, c'est exact.
- Eh bien, je ne comprends pas pourquoi nous ne sommes pas informés. Pourquoi n'a-t-on pas accès à ce système ?

- Euh. Eh bien d'habitude, nous préparons le changement, nous proposons des formations…
- Mais on s'en fout de vos formations ! J'ai vu le système, il est simple et efficace, nous le voulons, maintenant.
- OK. En fait vous êtes la douzième personne à me demander l'accès. Je vous donne l'adresse, mais ne l'éventez pas trop, nous ne sommes pas sûrs de la puissance de nos machines.
- Pffff ! Écoutez, mon fils qui n'est pas informaticien, génère plusieurs centaines de milliers de hits quotidiens sur son site dédié à je ne sais plus quel jeu vidéo. Et c'est vous l'expert, effrayé par quelques dizaines de milliers d'utilisateurs ! Vous imaginez Google en train de me dire « attention, ne tirez pas trop sur la machine » quand je crée une nouvelle boîte aux lettres ? C'est amusant comme attitude face au succès. Allez, merci quand même !

Incroyable, c'est la première fois que l'on déploie un truc que les gens *veulent*, sans besoin « d'accompagnement au changement ». Amusant effectivement…

Chapitre 5

La révolte

« Ce que produit la ressource contrainte d'un système dicte ce que produit le système dans son ensemble. Une heure perdue au niveau de la contrainte est une heure perdue pour tout le système[5]. »

ELIYAHU GOLDRATT

Le pilote Global Search est un immense succès. Les techniques de développement à cycles courts par des équipes intégrées en recherche d'amélioration continue ont montré leur viabilité à petite échelle. Si je veux exhiber des résultats à Montleau, il va me falloir reproduire l'initiative en la multipliant à d'autres endroits. Mais partout le code génétique est inversé : cycles longs, équipes spécialisées, relations contractuelles, standards figés. Qui donc choisir comme prochain candidat au changement ?

Puisque je tiens désormais une première équipe formée aux nouvelles méthodes, je peux tenter une diffusion par division cellulaire : prendre une moitié du groupe et l'injecter dans une partie du SI où elle pourrait obtenir des résultats…

Je contemple notre nouvelle carte d'état-major.

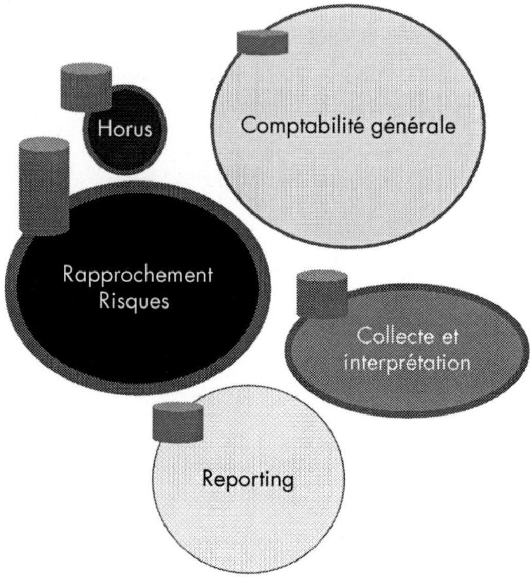

Sur de nombreuses applications, en complément de l'actif, du passif et du coût total, Kasperski y a ajouté un quatrième indicateur intéressant : le nombre de demandes non traitées. Ce volume représente le stock en attente par les utilisateurs. Plus il est important, plus les gens sont mécontents, et souvent à titre légitime. Tiens, à la comptabilité, il y a un système de « Rapprochement Risques » qui possède tous les attributs du « gagneur » : rapport valeur/prix prohibitif, dette technique abyssale et stock de demandes monstrueux. L'ambiance doit être détendue…, me dis-je intérieurement. J'imagine de pauvres utilisateurs pressés par le régulateur de justifier les milliers d'écarts entre les calculs réalisés par la direction des Risques et ceux réalisés par la direction financière – chaque contrat de la banque étant évalué avec des méthodes et des systèmes différents – et les informaticiens incapables de leur livrer les outils dont ils ont besoin pour réaliser cette mission… Au point où ils en sont, introduire de nouvelles pratiques ne peut qu'améliorer les choses, ils devraient donc nous réserver bon accueil.

Quatre mois se sont écoulés depuis ma décision d'étendre les nouvelles méthodes. Kasperski a rayonné sur les deux équipes, Jean-Pierre a pris la tête de l'initiative CRM – glorieux retour dans sa saison 2 ! – et Jérôme, mon ancien pompier du dimanche, celle du Rapprochement Risques. L'ancien directeur du programme Global CRM a hurlé à l'imposture en invoquant « la simplicité du petit projet Global Search, qualifiée bien hâtivement de modèle pour la généralisation d'une méthode artisanale n'ayant pas fait ses preuves ». Il a démissionné de son poste de manière aussi tonitruante que Jean-Pierre à l'époque. Leurs approches du projet n'étaient définitivement pas conciliables.

Côté direction financière, le plus ardu pour Jérôme a été de convaincre les différentes parties prenantes de se réunir sous une direction unique et dans un lieu unique. Bien que tout le monde s'accordât sur l'inefficacité d'une organisation spécialisée par profils – utilisateurs, représentants utilisateurs, développeurs, architectes, intégrateurs, testeurs et j'en passe –, aucun ne souhaitait abandonner son territoire. Le tropisme bureaucratique demeure puissant et fait obstacle aux solutions de bon sens. J'ai dû sortir le chéquier en promettant une variable sur les résultats finaux et m'affranchir du dernier récalcitrant, l'irréductible du cahier des charges et du contrat formel entre équipes. Parfois notre éthique se rapproche plus de la morale des Princes prônée par Machiavel – la fin justifie les moyens – que de celle du Gentilhomme avancée par Kant : « Agis de telle sorte que tu traites l'humanité aussi bien dans ta personne que dans la personne de tout autre toujours en même temps comme une fin, et jamais simplement comme un moyen. » À moins que ce ne soit faire preuve de respect que de l'écarter avant qu'il ne provoque autant de dégâts sur l'équipe que sur lui-même. Comme quoi « tous les modèles sont faux, certains sont utiles ».

Je retrouve Jérôme à son bureau pour un point informel. L'*open space* est organisé en îlots où siègent quatre à cinq personnes, souvent en discussion, parfois au travail par paire sur un même ordinateur. Plus *open* et moins *space* qu'avant, quoique… Des indicateurs visuels sont présents sur les murs, je reconnais instantanément le graphe de débit de demandes, qu'on appelle ici *vélocité*. La courbe est chaotique, mais suit une pente ascendante. Enfin Jérôme vient à ma rencontre :

– Comment allez-vous Paul ?

– Très bien, je vois que le débit est bon, les utilisateurs sont-ils satisfaits ?

– Ils peuvent ! En trois mois nous avons livré la totalité des demandes en stock, ils n'en revenaient pas !

– Du coup que faites-vous maintenant ?

– Justement je voulais vous en parler, pouvez-vous m'accorder un instant s'il vous plaît ?

Il m'entraîne au calme dans son bureau et ferme la porte.

– Vous voyez Paul, les utilisateurs sont contents, mais j'ai l'impression que la direction n'est pas tant que ça en phase avec ses troupes...

– Comment ça ?

– La semaine dernière, Sibylle Barrière-Johannel, la directrice financière, s'est invitée au comité de pilotage et a examiné nos chiffres, notamment les dépenses. Elle a reconstitué nos coûts unitaires, et s'est exclamée « qu'à 1 500 € le jour/homme, on était environ trois fois plus élevés qu'ailleurs ! »

– Pourquoi ne pas m'avoir prévenu plus tôt ? Vous ne savez pas ce qu'une telle sortie signifie ?

– Je n'ai pas compris tout de suite, mais ce n'est pas tout. Elle a ajouté que puisque le stock de demandes était traité, la nouvelle équipe informatique était en surcapacité. Il fallait donc supprimer des postes.

– En somme on va sanctionner les personnes qui ont réussi à obtenir les plus gros gains de productivité ! Cette équipe était autrefois le goulet d'étranglement de tout le système, et maintenant qu'elle ne l'est plus, grâce à votre action, la direction financière ne veut pas accepter que ce goulet se déplace dans d'autres services.

– Tout à fait, maintenant, ce sont des audits de filiales, des demandes d'engagement budgétaire qui s'accumulent dans les services.

– Plutôt que de réfléchir à de nouvelles demandes d'amélioration qui permettraient d'augmenter la performance globale de sa direction, elle exige de diminuer vos coûts ! Ce n'est pas comme ça que nous ferons progresser l'entreprise. Je vais de ce pas la rencontrer. Je vous tiens au courant Jérôme.

*

* *

Sibylle est une femme d'environ 35 ans, c'est la benjamine du comité de direction. De ce que je sais, elle a commencé sa carrière fulgurante dans l'audit, puis dans la banque d'affaires.

Son assistante m'obtient une entrevue pour ce soir, ce qui me laisse le temps de contacter Secrotas pour la préparer. Mes connaissances actuelles en Théorie des Contraintes m'ont permis d'opérer un diagnostic de bon sens, mais je ne suis pas confiant dans ma capacité à le défendre face à la directrice financière de la Générale.

– Vous voyez, Jean-Louis, il va me falloir expliquer que l'organisation doit s'envisager comme un tout et non pas comme la somme de ses parties. Pourquoi si peu de variables – voire une seule – limitent la performance d'une organisation à un moment donné. Argumenter sur ce concept de goulet, de pilotage de la chaîne critique par le débit plus que par les prix de revient…

– Je vois, mais vous me semblez très à l'aise, vous avez pris le temps d'éplucher quelques ouvrages de Maître Goldratt on dirait ?

– Cela ne fait malheureusement pas de moi un expert tout-terrain ! J'appréhende la dialectique comptable. Comment contrer l'argument de la surcapacité ? En quoi préserver notre capacité garantit-il qu'on l'utilisera pour des améliorations avec un impact sur la performance globale de l'entreprise, telle que mesurée par la direction financière ?

– Question judicieuse. C'est vrai, peut-être faut-il diminuer la capacité, non ?

– Trouvons plutôt des demandes qui, si elles étaient intégrées au SI, rendraient plus efficace la direction financière !

– Vous avez une idée pour cela ?

– Eh bien, oui. Celle que nous avons appliquée lors du projet Global Search : imaginer une innovation qui semble créer de la valeur pour les utilisateurs et lui appliquer le test infaillible de Goldratt : « Quelle est sa force, qu'apporte-t-elle de nouveau ? Pour une entreprise qui souhaite la mettre en place, quelle limitation de ses performances permet-elle de diminuer ? Et enfin : quelles sont les règles, tacites ou explicites, qui permettent à cette entreprise de vivre avec cette limitation ? »

– Qu'est-ce qui vous fait penser qu'un flux d'innovation n'est pas concevable durablement ?

– Je ne sais pas. Les personnes responsables d'exprimer les demandes utilisateurs n'en fournissent plus.

– Ce « poste de travail » est donc probablement la nouvelle contrainte du système, à laquelle est subordonnée toute la production de valeur informatique. Comment pourrions-nous travailler sur cette contrainte comme nous le suggère la TOC ?

– Il faudrait augmenter le débit d'idées à la source pour obtenir, après filtrage, plus de demandes ayant une valeur réelle.

– Hum…

– Nous pourrions obtenir davantage de l'équipe spécialisée dans l'élaboration des demandes en l'ouvrant sur l'extérieur par des ateliers pluridisciplinaires où l'on jouerait à faire émerger des idées, qui seraient ensuite perfectionnées en appliquant la dialectique « innovation » : quelle nouveauté ? quel impact sur quelle limite ? quelles règles du système changer ?

– Parfait. C'est à tenter en tout cas. Je dois vous laisser Paul, vous êtes sur la bonne voie, ne vous en faites pas pour votre entretien tout à l'heure !

– Facile à dire à l'autre bout du téléphone ! Merci quand même Jean-Louis.

*

*   *

Sibylle m'accueille tout sourire dans son immense bureau, lumineux et ordonné. C'est incroyable d'ailleurs, elle doit bien avoir un espace double du mien, sans compter la vue imprenable, et pourtant nous occupons le même rang hiérarchique dans l'organisation. Quelle injustice !

– Alors Paul, la forme ?

– Oui merci, et vous ?

– Excellente. Grâce à nos efforts, le rapprochement comptable occupe désormais trois fois moins de monde et se dénoue en deux fois moins de temps ! Votre unité de combat en mode commando était finalement une idée intéressante, un peu chère, mais la marche forcée a permis de rattraper notre retard. Maintenant, il est peut-être temps de rentrer à la caserne ?

– Hmm. Que voulez-vous dire par là ?

– Eh bien, le travail est terminé, il est temps de retrouver un rythme normal, de réintégrer les troupes dans leur département d'origine, diminuer les coûts, revenir aux normes de qualité que nous connaissons...

– Mais on n'a jamais produit autant de qualité qu'avec ce mode d'intervention !

– C'est ce que vous dites ! Pour ma part j'attends toujours la note d'investissement, le cahier des charges validé, les spécifications détaillées. Vous pensez que l'absence de traçabilité est une marque de qualité Paul ? Et l'inflation des coûts ? 1 500 € la journée dans vos équipes, on nage en plein délire, même les traders ne gagnent pas autant !

– Permettez-moi de reprendre vos points un par un. La traçabilité n'a jamais été aussi bonne, puisque, même sans cahier des charges ou spécifications détaillées, chaque fonctionnalité est tracée dans notre base de demandes, de laquelle sont issus les tests concrets à passer ; lors de la dernière démonstration, nous avons eu par exemple « un contrat de crédit litigieux d'un million d'euros, ayant 44 jours de retard, passe 3 400 € de provisions dans le compte provisions sur créances douteuses de la comptabilité générale ». Et je ne parle pas d'un document de test forcément en décalage avec la réalité, je parle de tests exécutables qui permettent de valider vous-même n'importe quel aspect du système, tel qu'il est réellement en production.

– Et vous voulez aussi que je me mette à programmer, tant que vous y êtes !

– Ce n'était pas mon propos, Sibylle. Sachez simplement que ce patrimoine de tests automatisés nous permet de garantir un logiciel adaptable en permanence, prêt à accueillir vos prochaines innovations.

– Avec des ressources à 1 500 € la journée, je pourrai même rendre adaptable un bloc de béton armé !

– Quant aux coûts unitaires, ils sont effectivement élevés. Mais quand nous avons fixé les bonus de l'équipe si elle délivrait la valeur attendue, le coût total représentait une fraction dérisoire de la valeur totale créée pour la Générale. Aujourd'hui, l'équipe a délivré bien au-delà de cette valeur – que vous observez dans l'augmentation spectaculaire de la productivité du département Rapprochement – il était normal que la Générale tienne ses engagements, car au final elle est gagnante : les fonctionnalités ont été délivrées pour un coût global dérisoire en proportion des gains.

– Oui mais quand même, le triple des prix de revient moyens constatés dans le reste de la DSI !

– Écoutez Sibylle, je suis venu vous proposer d'étendre ce mode d'organisation à toute la direction financière. J'aimerais d'ailleurs discuter avec vous des limites de la comptabilité analytique par les prix de revient. Vous savez, piloter ces grandeurs intermédiaires virtuelles peut nous conduire à préférer les optima locaux à l'optimum global pour l'entreprise, comme par exemple remplacer du personnel à 1 500 € par du personnel à 500 €, sans en mesurer l'impact sur le débit…

Un homme nous rejoint discrètement dans le bureau. Tiens, Gérard, l'ancien directeur du programme Global CRM, que peut-il bien faire ici ?

– Et maintenant vous voulez m'apprendre mon métier ! reprend Sibylle. C'est le pompon ! Écoutez Paul, Gérard qui a rejoint mes équipes récemment est également de mon avis : hausse des coûts, absence de contrôle, désorganisation, cela fait trop. Nous en avons parlé à Henri de Montleau, qui partage ce constat. Nous en reparlerons donc avec lui si vous voulez bien.

– Très bien. Très bien. À bientôt donc.

Je sors abattu du bureau en me remémorant cette maxime de Tocqueville : « En politique, la communauté des haines fait presque toujours le fond des amitiés. »

*

* *

Une colère indescriptible m'envahit tandis que je retourne dans mon bureau dont l'aspect minable me saute soudain aux yeux. L'absence de vue, de bois précieux, et le désordre achèvent de m'accabler. J'appelle Secrotas dans un réflexe de rage :

– Secrotas, je me suis fait exploser, vos théories ne sont pas entendues !

– Ce n'est peut-être qu'une bataille de perdue, essayons de...

– J'en ai assez de vos conseils parcimonieux, c'est trop facile de se cacher derrière un téléphone et de ne jamais assumer !

Bip bip bip.

Il a raccroché le fumier ! Il m'a raccroché au nez ! Je tape du poing sur mon bureau, j'envoie valser la pile de dossiers déjà largement épanchée sur la table, et je hurle. J'enrage vraiment. J'observe hagard le désordre aggravé. Je suis vidé.

On frappe à ma porte.

– Je veux la paix, fichez-moi donc la paix Hélène !

– C'est un certain Monsieur Secrotas, il dit que vous avez été coupés...

Je me lève d'un bond pour ouvrir, redynamisé par la curiosité. Je commence à réaliser à quel point il m'a aidé sans que jamais nous ne nous rencontrions. À quoi peut-il bien ressembler ? Comment peut-il être ici quelques secondes après avoir raccroché, alors que je l'imaginais dans quelque bureau ou pays lointain ?

Un homme discret, de taille moyenne, tenue décontractée, arrive dans mon bureau en me tendant la main, un sourire délicat au coin des lèvres. Je ne peux m'empêcher de le lui retourner :

– Veuillez excuser le désordre, il y a eu de l'action récemment...

– C'est ce que je constate !

Je réfléchis quelques secondes tout en le dévisageant et poursuis :

– Nous nous sommes déjà croisés non ?

– Autrement qu'au téléphone ?

– Oui. Cela me revient. Il y a un an environ, lors d'une réception au ministère des Finances. Vous présidiez le jury du prix Entrepreneuriat & Croissance. J'avais accompagné Henri de Montleau qui recevait son trophée en récompense de sa politique de financement volontariste en faveur des jeunes entreprises. Je me souviens de votre commentaire sur le partenariat gagnant-gagnant qu'Henri avait su tisser avec l'ANPE…

– Effectivement, c'est là que j'ai connu Henri.

– Alors vous allez peut-être pouvoir m'aider. Sibylle Barrière-Johannel est en train de monter un front contre nous et nos nouvelles méthodes, elle prétend avoir le soutien de Montleau.

– Vous savez Paul, ce que je vais vous dire risque de ne pas vous plaire, mais comme vous devez l'imaginer, ce n'est pas la première fois que j'aide une entreprise à se transformer. J'ai débuté ma carrière en rendant plus efficaces les usines contre lesquelles toutes les organisations industrielles pestaient, un peu comme l'usine à logiciel qu'est la DSI. Nous y avons appliqué les techniques de la TOC, et elles ont souvent conduit à des résultats extraordinaires. Mais voyez-vous, dans très peu de cas ce changement s'est avéré durable. Pire, beaucoup d'usines ont reçu en pleine figure le boomerang de leurs améliorations, dans des conditions très exactement identiques à ce qui se produit ici : prix de revient en hausse, excédents de capacité, donc nécessité de réduire les « coûts ». Qui plus est, l'usine est historiquement le centre d'exécution, et il est difficile pour des directions « amont » de valoriser une innovation provenant de la « soute ». Aucun bureau d'études, aucune force commerciale n'était prêt à accepter d'être le nouveau goulet, et d'entamer une introspection et un changement à son tour.

– Vous saviez donc que j'allais au casse-pipe, depuis le début ?

– En quelque sorte oui. « Chaque fois que l'on produit un effet, on se donne un ennemi. Pour être populaire, il faut rester médiocre », disait Oscar Wilde ! Mais la bonne nouvelle, c'est qu'Henri le sait aussi ! Il ne vous laissera pas tomber. Il est conscient de tous ces effets, et je peux vous assurer qu'il a en tête une approche holistique de la question, partant de la DSI, mais s'étendant à toute l'entreprise.

– Mais alors Sibylle bluffait ?

– Probablement, mais vous ne devez pas vous en soucier.

Je digère ces révélations avec délectation. Quand je lève les yeux, Jean-Louis a toujours son sourire délicat, et mon bureau me semble tout à coup immense, agréable, confortable…

Tiens, je vais prendre quelques jours de vacances, moi.

Chapitre 6

Les vacances au Maroc

« Il arrive que le bon sens soit la chose du monde la plus, sinon partagée, du moins partageable. »

ANDRÉ GLUCKSMANN
(PARODIANT DESCARTES)

Marrakech, 20 avril 2008.

À peine une heure que l'on traîne dans ce souk et je sens Martine prête à y passer le reste des vacances. Impossible de suggérer un repli sur l'hôtel sans passer définitivement pour l'ours casanier misanthrope et lunaire que je suis peut-être en fait. J'ai du mal à supporter les critiques de ma femme sur ce penchant solitaire de ma personnalité. En fait, je rêve d'un whisky glace au bord de la piscine du quatre étoiles, ce qui est encore plus inavouable. Heureusement, au sortir d'une ruelle, une planche de salut s'offre enfin à moi. « Zagora MicroCrédit – Bureau Central » indique une enseigne sur le porche d'une petite bâtisse, plutôt coquette et propre par rapport à la moyenne environnante.

– Regarde Martine, la Générale à ses débuts !

Pour en avoir déjà discuté avec elle, ma femme connaît le principe du microcrédit, c'est-à-dire le prêt de petites sommes à des populations pauvres, et elle veut bien se montrer sensible à ma boutade.

– Écoute, je suis un peu à plat là, et j'aimerais bien aller bavarder avec ces gens. Qui sait, j'aurai peut-être enfin une histoire intéressante à raconter au comité exécutif ! Vu l'accueil dont on a bénéficié jusqu'ici, je suis sûr qu'ils m'accorderont un peu de leur temps. Pourquoi ne continues-tu pas ta visite du souk sans te traîner un bulldog rétif à tout achat d'artisanat local ? On pourrait se retrouver à l'hôtel vers 18 h-18 h 30. Qu'en dis-tu ?

– Très bien, bonne idée, c'est vrai que j'avais un peu l'impression de tirer sur la laisse depuis un moment. Va ! m'ordonne-t-elle avec bienveillance.

En entrant dans les bureaux de Zagora, je me surprends à penser que même si, dans le pire des cas, personne ne daigne me parler, ce ne sera pas un mais deux whiskies auxquels j'aurai droit à l'hôtel… Mais l'existence est un chemin toujours plein de surprises, et ce soir-là j'en boirai bien plus, mais pour d'autres raisons…

Une jeune femme enveloppée d'un foulard laissant son visage dégagé me demande aimablement :

– Bonjour, puis-je faire quelque chose pour vous ?

Je me présente et lui demande si un responsable peut m'accorder quelques minutes pour un entretien informel sur la manière dont fonctionne la société. Tout sourire, elle me propose un fauteuil et m'indique qu'elle va voir si *Monsieur le Directeur* peut se rendre disponible. Trente secondes plus tard, la voilà de retour accompagnée d'un homme élégant et tout aussi accueillant, de type arabe (ou peut-être berbère ?), la quarantaine. L'homme me tend la main gaiement en se présentant :

– Omar Al-Sawi, directeur général de la Zagora Bank, enchanté de vous rencontrer. Voulez-vous prendre un thé dans mon bureau ?

J'accepte volontiers et embraye rapidement sur le but de ma visite : la Générale, le système informatique, mes problèmes de rigidité et de coûts, et ma curiosité d'apprendre comment eux, ici, se débrouillent avec leurs ordinateurs.

Une autre jeune femme interrompt la conversation pour déposer à notre attention un plateau composé de deux petits verres peints, une théière, un bouquet de menthe, et ce qui semble être de gros blocs de sucre. Elle repart aussitôt, sans nous servir. Pendant qu'il opère de savantes manipulations entre la théière et son verre, puis du verre à la théière, et ce plusieurs fois de suite (décidément c'est vraiment le pays des salamalecs, pourquoi ne mélangent-ils pas simplement avec une cuiller ?), Omar opine de la tête, mais je me demande s'il écoute et s'intéresse à ce que je lui explique. Pour achever de m'inquiéter, il reprend la conversation en me tendant mon verre avec un air malicieux : « Vous savez le thé, ici, c'est le whisky berbère ! »

Omar ne semble pas féru de mathématiques et de systèmes organisationnels, mais apparemment il comprend les hommes, car son regard à cet instant signifie clairement : « Je vois bien que tu aurais espéré mieux, Sidi, mais c'est tout ce que j'ai pour toi ici. » Puis il enchaîne :

– Votre organisation est impressionnante. Zagora n'a qu'une cinquantaine d'agences et quelque cinq cents employés. En gros, nous avons la taille d'un centième de vos opérations de banque de détail en France.

(Il compte plus vite que je ne le pensais, le bougre.)

– Nous n'avons pas d'informaticiens spécialisés comme dans votre division. Il y a quelques personnes qui connaissent bien le système mais il est géré par une société informatique de Casablanca, Octopus Micro Finance. En 2006, au moment où nous étions aux limites de notre ancien système – des feuilles Excel et du papier – mon président m'a fait rencontrer un représentant du logiciel, un Français, comme vous. À l'époque, j'étais rétif à l'idée de migrer vers une chose que je ne maîtrisais pas totalement, comme notre système Excel artisanal. J'avais d'ailleurs proposé de sécuriser nos opérations avec des contrôleurs de données, une dizaine aurait fait l'affaire, plutôt que de tout changer radicalement.

Il se souvient de cette joute verbale mémorable qu'ils ont eue tous les trois, et me la restitue comme s'il y était :

Moi :

– Si votre système ne diminue pas nos coûts, nos risques, ou nos délais, alors il ne se justifie pas. À un euro de l'heure, l'agent de maîtrise, dix contrôleurs n'amputeront pas vraiment nos résultats et viendront certainement contenir les risques d'erreurs de saisie, de fraudes ou autres entorses aux procédures en vigueur que nous générons aujourd'hui. Au final, même si vous vous alignez sur un coût de 300 jours × 8 h × 10 personnes, soit 24 000 € par an, votre système ne peut nous aider que si posséder une information juste plus vite a un intérêt vital, ce que je ne ressens pas à ce jour.

Le président :

– J'aimerais préciser notre vision de l'impact sur les coûts et de l'impact sur le temps. Je veux bien croire que dix personnes peuvent garantir la qualité de nos informations aujourd'hui, mais qu'en sera-t-il demain, quand le nombre de nos clients aura doublé ou décuplé comme je l'espère ? Ces frais vont augmenter linéairement avec le nombre de contrats, alors qu'ils auraient une progression bien plus faible avec des automatismes.

– C'est l'intérêt premier des systèmes informatiques, ajoute le consultant.

– Par ailleurs, le temps a une bien plus grande importance que vous ne semblez l'estimer, Omar. Un contrôle *a posteriori* permet de corriger 80 % ou même 98 % des encaissements/décaissements erronés, des doublons/manques d'informations, ou encore des erreurs de synthèse. Mais la durée de vie de ces anomalies jusqu'à leur détection et leur correction a également un impact sur le facteur coût/risques/temps – ou facteur CRT – des opérations. Clients et partenaires contrariés, mauvais payeurs oubliés, synthèses d'activité erronées sont autant de coûts et de risques induits, lesquels génèrent une perte de confiance dans l'information, elle-même extrêmement délétère et pouvant entraîner toutes les opérations dans le chaos et la méfiance. Du reste les bailleurs de fonds occidentaux l'ont bien compris puisqu'ils exigent que nous mettions en place un système d'information pour accorder leurs financements. Et sans financement, Zagora ne peut se développer…

Plutôt que de nous matraquer l'imposante liste de ses fonctionnalités ou invoquer la beauté de ses écrans, le consultant Octopus poursuit dans la ligne de nos propos :

– Cet impact sur les coûts, les risques et les délais n'est pas tout. Ce modèle est certes utile, mais il vous pousse à observer votre organisation telle qu'elle est aujourd'hui, sans imaginer ce qu'elle pourrait être si elle repoussait les limites qui l'empêchent d'atteindre le plus efficacement son but. Vos plaquettes commerciales indiquent « Notre mission : maximiser l'impact social auprès des plus démunis », mais êtes-vous sûr que l'on ne peut pas augmenter massivement cet impact à coûts et risques constants ? En somme, s'intéresser au numérateur plus qu'au dénominateur.

Le président réfléchit et enchaîne :

– Augmenter l'impact social, cela signifie accroître le nombre de foyers pauvres qui augmentent leur confort et leur liberté grâce à l'action de Zagora. Nous mesurons cet impact avec une norme internationale, le *Progress out of Poverty Index* ou PPI. Ainsi, chaque année, le nombre de nos clients multiplié par l'évolution de leur PPI mesure assez bien l'atteinte de nos objectifs. Le PPI augmente plus vite quand nous aidons les plus pauvres. Si nous parvenions, par exemple, à atteindre plus de clients très pauvres dans les villages reculés, nous réussirions bien mieux dans notre mission.

– Mais vous savez très bien que ce n'est pas rentable ! m'emportai-je face au président. Le temps pour atteindre ces villages reculés à plus de cinquante kilomètres de nos bases induit des coûts insoutenables, cela pourrait nous mener à la faillite !

Le consultant intervient :

– N'est-ce pas là un conflit structurel de votre organisation ? Ne pas aller au-delà de 50 km semble être une règle implicite qui préserve votre rentabilité, mais qui vous éloigne finalement de votre but. Cette règle historique repose sur une hypothèse : vos chargés de crédit doivent se rendre sur place en 4 × 4 une dizaine de fois dans la vie d'un contrat de crédit standard. Mais *quid* s'ils ne devaient s'y rendre que deux fois, au début et à la fin, et si des partenaires de confiance comme des épiceries ou des chefs de village se chargeaient des encaissements courants ?

– C'est intéressant, mais il y a fort à parier qu'avec leurs blocs-notes ils ne puissent éviter 1 à 2 % d'erreurs dans la collecte des paiements client : M. Mekdines plutôt que M. Mekdenes, contrat N° 1515111 plutôt que N° 1511115. Toutes ces erreurs corrigées *a posteriori* auront l'effet désastreux que nous évoquions tout à l'heure.

– Oui, mais ne peuvent-ils pas confirmer les remboursements avec un système simple sur leur téléphone mobile ? suggéra le consultant. Connecté à votre système, cela garantirait le contrôle *a priori* et empêcherait les erreurs... quant au cash lui-même, vous pourriez le collecter au rythme de vos besoins en trésorerie...

Probablement enhardi par les trois verres de whisky berbère, Omar poursuit :

– L'argument était de taille. En quelques minutes, l'informatique passait dans mon esprit du statut d'outil de productivité destiné à diminuer les coûts et les risques, à celui de créateur de valeur. Mon regard croisa celui du président et, sur un simple signe, nous décidâmes de tenter le coup. Pendant quelques mois, la mise en place fut délicate. Car pour tirer parti du logiciel, il a fallu changer nos habitudes et passer du contrôle *a posteriori* par des spécialistes à un contrôle « au plus tôt au plus près » par chaque personne concernée par l'information, y compris nos partenaires. Mais au final toutes les promesses ont été tenues ! Et savez-vous pourquoi ?

– Non, me surpris-je à marmonner, encore absorbé par les modèles que développe brillamment mon hôte : pilotage classique par le triptyque coût/risques/temps (coûts/qualité/délais quoi), et maintenant pilotage par la valeur.

– Parce que la communauté Octopus s'applique à elle-même la théorie du facteur limitant et de l'amélioration continue (ou Théorie des Contraintes je crois), et pas uniquement dans son argumentaire de vente. Son but est de maximiser le nombre de banques utilisatrices comme nous. Pour cela ils doivent produire en permanence des fonctionnalités comme celle des partenaires « Mobile Banking ». Leur but passe donc par la maximisation du débit de nouvelles fonctionnalités sans perturbation de l'existant. Quant à leur principal risque, c'est précisément l'abus de demandes injustifiées qui viendraient complexifier inutilement le système, le rendant coûteux et difficilement adaptable. C'est pourquoi une évolution du logiciel est toujours justifiée par un impact sur une limite ou sur le facteur CRT des opérations bancaires.

Je parviens finalement à articuler un...

– Oui, mais cet impact dépend du contexte ou de la stratégie de la microbanque, non ?

– Vous avez raison. Par exemple, si l'on peut encaisser des clients *via* des partenaires, cela n'a d'intérêt que si vous décidez de démultiplier vos opérations dans un tel réseau de confiance. Si cela ne correspond pas à vos procédés, cela n'a aucun impact CRT. De la même manière, si le but de telle institution de microfinance est la rentabilité sous contrainte d'impact social, son système d'information ne convergera pas vers les mêmes fonctionnalités que celui de telle autre dont le but est, à l'opposé, l'impact social sous contrainte de rentabilité. Octopus a conforté notre stratégie – en fait je soupçonne le président de les avoir utilisés à dessein. Il sert en priorité les organisations dont le but est de maximiser l'impact social de leur action. Cela les éloigne probablement de certains clients, mais en revanche leur permet de véhiculer les pratiques les plus efficaces au regard de ce but dans le monde entier. Vous savez, Zagora est fière d'avoir initialisé dans Octopus le concept de partenaire relais... Un but clair, une réflexion régulière sur nos limites, et l'amélioration constante du coût, des risques, et du temps de nos opérations, voilà désormais notre stratégie et notre tactique !

Je suis heureux, pensif, et réponds :

– Si je comprends bien, votre prestataire informatique vous fournit un système adaptable, mais focalisé sur un but précis de l'organisation. Il n'accepte pas toutes les demandes de ses utilisateurs ?!

– Non. Pire, ils organisent chaque année une solderie en proposant la suppression des fonctionnalités jugées obsolètes par la communauté des utilisateurs et contributeurs !

– Serait-ce trop vous demander de me parler de vos coûts, Omar ?

– Non, bien entendu ! Pour garantir le fonctionnement courant de tout le système, hors postes de travail et réseau, ainsi que toutes les évolutions que nous demandons ou dont nous bénéficions automatiquement chaque année, le prestataire Octopus nous facture 2 % de notre chiffre d'affaires.

– Pourquoi 2 % ? (aïe aïe aïe, j'en tape plus de dix pour le même service !)

– Quand nous avons démarré, nous avions un ordinateur, un tableur piraté, et une personne à plein temps pour gérer l'information de nos 5 000 € de crédits qui généraient environ 100 000 € de chiffre d'affaires. À ce moment-là, 2 400 € de salaire dépassaient déjà 2 % du CA. Nous avons considéré qu'un fournisseur qui nous garantissait d'aligner ses revenus sur les nôtres en nous accompagnant dans l'amélioration continue de nos opérations méritait 2 % de notre chiffre d'affaires, somme que nous avions originellement consentie à payer pour un service moindre.

– Mais votre chiffre d'affaires est étroitement lié au nombre de contrats, vous acceptez dans ces conditions ce que votre président refusait : des frais de gestion qui augmentent linéairement avec le volume de contrats ?

– En fait non, mon ami. Un autre phénomène se combine à cette augmentation des volumes : plus la compétition augmente et plus le marché se structure, plus les contrats se complexifient, s'enrichissent, souvent au bénéfice des clients qui profitent ainsi d'un service de plus en plus transparent et régulé. Là où dix opérations étaient nécessaires pour couvrir la vente et l'exécution d'un contrat il y a deux ans, il en faut aujourd'hui le double ! La formule du président doit effectivement être précisée : les frais de tenue manuelle de l'information augmentent bien avec le nombre de contrats, mais multiplié par deux tous les deux ans, du fait de la croissance et de la compétition ! Enfin, n'oubliez pas l'impact sur le numérateur – le « débit d'impact social » – qu'a désormais notre système d'information. À la lumière de ces chiffres, notre contrat informatique nous semble donc aujourd'hui extrêmement avantageux…

*

* *

– … Ce phénomène de complexification sous la poussée de la compétition et de la régulation, on le retrouve dans l'industrie avec le nombre de pièces nécessaires pour construire un véhicule, ou encore dans la distribution, avec le nombre de références dans un rayon. Finalement, le plus important dans cette histoire est la nécessaire polarisation vers un but plus global qui transcende nos divisions. Notre système d'information est aujourd'hui le reflet de notre organisation, mais aussi de son histoire, avec ses conflits d'intérêt, ses conquêtes par l'innovation, ses baronnies fortifiées ; c'est une usine à gaz ! La DSI doit travailler à rendre l'informatique plus adaptable et elle s'y emploie déjà, mais cela n'est pas suffisant si l'on n'arrive pas à orienter l'entreprise vers un but plus clair qui mette d'accord plus de gens. Focaliser les individus sur une vision unifie leurs choix quotidiens, et donc simplifie un système qui reflète structurellement la somme de ces choix... Aujourd'hui, **je vous permets de faire plus de la même chose**, je permets au *back-office* de traiter plus d'erreurs en provenance des fronts !

Un long silence s'installe. J'attends patiemment de croiser le regard fixe de Sibylle Barrière-Johannel, notre directrice financière. Sibylle a des travers mais elle a une qualité, elle sait instantanément valoriser une idée : si elle vient d'un niveau hiérarchique supérieur, elle est juste, si elle vient d'un niveau égal ou inférieur, elle est mauvaise.

– Mon cher Paul... Êtes-vous en train de nous demander de faire passer votre voyage au Maroc en note de frais au vu de la formidable valeur qu'il est censé apporter à notre groupe ?

Toute la gent masculine sort de sa torpeur pour s'esclaffer lourdement. Je la laisse poursuivre.

– Vous prétendez que l'on peut comparer une des plus grandes banques de la zone euro à un minuscule établissement d'un quartier paumé de Marrakech ?

– Mon histoire n'était là que pour illustrer un élément fondamental à côté duquel nous sommes passés durant toutes ces années. Je suis désolé de voir qu'il vous a échappé, ma chère Sibylle. Il ne s'agit évidemment pas de comparer les deux institutions. Je répète : le point le plus important de cette histoire est la nécessaire polarisation vers un but plus global qui transcende nos divisions. La DSI est le terminus des demandes souvent contradictoires de vos différents services. J'informatise le *back-office* pour lui permettre de traiter plus d'erreurs venant du front ! Un optimum plus global que la somme des intérêts locaux doit guider l'informatique. Cette vérité est-elle propre aux commerçants de Marrakech ? Propre à une banque de petite taille ? Je ne pense pas. Je pense qu'il s'agit uniquement de bon sens. Et le bon sens, est-ce vraiment une question d'échelle ?

Henri de Montleau, resté longtemps songeur, prend finalement la parole :

– Votre exposé est extrêmement juste et utile, Paul.

– Comme quoi, il était temps que vous preniez des vacances ! ne peut s'empêcher de renchérir Pichot, le directeur commercial.

Pour une fois, j'apprécie une de ses plaisanteries. D'habitude, c'est plutôt le genre « Eh Paul, au fait, le réseau a marché hier après-midi… ». Enfin un Comex où je ne suis pas LA contrainte, LE maillon faible et coûteux, LE grain de sable dans les rouages !

Montleau reprend :

– Paul, continuez à travailler sur le caractère adaptable de l'informatique, oubliez cette histoire de réduction de coûts. Pour le reste, nous allons organiser un groupe de réflexion composé de directeurs sur le but de la Générale. J'en prendrai personnellement la direction. Tout le monde me suit ?

Chapitre 7

Le « New Deal »

> « *La nation qui insiste*
> *pour tirer une ligne de démarcation épaisse*
> *entre ses combattants et ses penseurs*
> *est coupable de transformer ses combattants*
> *en idiots et ses penseurs en lâches*[6]. »
>
> SIR WILLIAM BUTLER

Je me sens détendu comme jamais depuis longtemps. Ces vacances m'ont fait le plus grand bien, mais surtout cette reconnaissance du comité exécutif me galvanise. Obtenir un tel soutien du DG pour une action aussi structurelle est une première pour moi. Non que je n'aie jamais reçu de lettre de mission de mes supérieurs, mais celle-ci tient en une ligne, mûrement réfléchie et comprise entre nous : « Maximiser le débit de demandes mises en production, sous contrainte de coûts, de risques et d'intégration. » Nous l'avons même simplifiée ensemble avec Montleau : « Fluidifier l'innovation sous contrainte de coûts et de sécurité » ; nous avons, en effet, considéré que l'on améliorait aussi l'intégration avec des fonctionnalités comme : synchroniser deux référentiels, fusionner des fonctions en doublon, homogénéiser une série d'écrans, etc. Saint-Exupéry a dit : « La perfection est atteinte, non pas lorsqu'il n'y a plus rien à ajouter, mais lorsqu'il n'y a plus rien à retirer », et j'ai le sentiment d'en comprendre le sens pour la première fois de ma vie. Mes précédents contrats de direction tenaient dans plusieurs classeurs, ce qui est, j'en ai la conviction maintenant, la marque d'une forme de lâcheté mêlée à l'impuissance.

Il s'agit désormais de faire partager le but à l'ensemble du personnel de la DSI. Je pourrais diffuser un message par courriel ou afficher des posters sur les murs, mais je doute qu'une telle approche en surface puisse modifier des comportements profondément ancrés. Ce n'est pas le énième rappel de mon médecin sur mon cholestérol qui va modifier mes habitudes de consommation de whisky. Il faudrait que j'en discute avec plusieurs personnes, que l'on confronte les points de vue, que l'on m'accompagne dans une transition progressive… ou pas d'ailleurs. « On ne change que les gens qui le veulent, et avec eux, pas loin d'eux », me confiait Secrotas l'autre jour.

Je vais donc agir par cercles concentriques. Convaincre le comité de direction de la DSI, puis laisser les membres agir en effet boule de neige. La structure principale de mon organisation est un triptyque : les Études qui développent, la Production qui maintient en conditions opérationnelles, et les fonctions de Support et de Contrôle qui garantissent les standards d'architecture, de méthode ou d'outils.

Béranchon aux Études est un ingénieur comme moi, sérieux, analytique. Moustier à la Production est un homme d'origine plus modeste qui a gravi les échelons en partant de la base, grande gueule, souvent sur la défensive. Enfin Lefebvre est aux fonctions transverses : architecture, méthodes, achat, contrôle de gestion. C'est un fin politique, bardé de diplômes, jeune loup plein d'ambition. Tous sont déjà au courant des différents succès obtenus ces derniers mois, mais aucun ne s'est réellement positionné pour ou contre. Il est temps de les embarquer.

*

*   *

– Merci d'avoir pu réserver ce créneau d'une demi-journée dans vos agendas, je sais que cela n'a pas dû être facile. Je vous ai réunis pour discuter ensemble de l'avenir de la DSI. Bonne nouvelle, la DG soutient la proposition de polariser l'informatique sur un but unique et global : « Fluidifier l'innovation sous contrainte de coûts et de sécurité. »

Ils regardent en silence le *paper board* sur lequel j'ai écrit la devise puis Béranchon se lance :

– Fluidifier l'innovation, cela signifie lancer plus de projets ? Vous ne pensez pas que l'on en gère déjà trop ?

– Sauf votre respect, l'interrompt Moustier, il faut veiller aux priorités. Personne ne vous tiendra rigueur de projets *business* qui arrivent en retard – la preuve, vous êtes encore là – en revanche, si le système d'information tombe en panne, si, pour reprendre votre jargon, la « sécurité » fait défaut, vous ne serez plus là pour en parler…

– Il n'est question ni d'architecture ni de contrôle de l'entropie dans cette devise ! Le système d'information doit être correctement architecturé, il doit être homogène si nous voulons maîtriser les coûts, la sécurité et faire en sorte que les différentes parties interopèrent, achève Lefebvre.

Et me voilà jouant le rôle de Secrotas et Kasperski dans une partie de maïeutique avec mes trois directeurs. Les gros projets *versus* le flux de demandes continu, la sécurité et les normes comme contraintes et non comme fin, l'interopérabilité comme fonctionnalité à valeur ajoutée… La noirceur et l'épaisseur des croûtes sur la nouvelle carte d'état-major font beaucoup pour les convaincre. Au bout de deux heures, chacun ayant compris que l'importance de son action n'est pas remise en cause par ces nouveaux objectifs, la devise est comprise et acceptée. Je sais bien que l'on est encore loin d'un changement de politique à ce stade. Chassez le naturel, il reviendra au galop. Si je les laisse maintenant, ils reviendront vite aux fondamentaux qui dirigent encore leur quotidien – comme moi récemment avec Jean-Pierre sur le coup des soi-disant nécessaires plans *adaptés* à un objectif lointain alors qu'un logiciel *adaptable* est bien plus efficace ! Que ce soient la spécialisation des tâches, les contrats sur plans détaillés et figés, les penseurs séparés des combattants, le mythe du jour/homme iso-productif, sans compter tous ceux qui ne me reviennent pas immédiatement… Comment éviter que ces nouveaux concepts ne se diluent dans les vieilles habitudes ?

Tout à coup une coupure de presse me revient à l'esprit. Cette histoire d'amélioration continue chez Toyota, avec des résultats si différents entre unités japonaises et unités françaises. Un point fondamental émergeait : la différence de pacte social. Au Japon, lorsqu'une série d'améliorations conduit à supprimer son propre poste, on est promu, et surtout pas remercié. En France, à l'inverse, après plusieurs mois d'amélioration sur le site de Valenciennes, l'entreprise fait un constat de surproduction, et décide… de supprimer les excédents ! Bilan : ce sont ceux qui ont progressé qui sont sanctionnés ! Au Japon, en cas de licenciement, c'est le directeur qui doit personnellement expliquer à chaque famille pourquoi il a échoué à conserver ses salariés. Forcément, cela donne à penser.

Je partage ce point avec eux pour les rassurer et pour qu'ils pactisent avec leurs troupes dans cet esprit, en espérant rendre ainsi les discussions plus ouvertes. Maintenant sonne l'heure de la dispersion :

– Bien, il s'est dit beaucoup de choses aujourd'hui, peut-être est-il temps de laisser reposer. Je vous laisse réfléchir aux schémas de fonctionnement nécessaires pour organiser nos troupes dans ce nouvel objectif. Ne raisonnez pas en statique, je pressens que nous devrons modifier l'organisation. Faites abstraction de votre territoire actuel dans vos réflexions ; si, grâce à vos idées, nous parvenons à déplacer la contrainte hors de la DSI, je vous promets une place au paradis dans le futur directoire de la direction informatique ! Rendez-vous dans une semaine, même heure.

*

* *

Quand mes trois directeurs débarquent le lundi suivant, j'ai déjà une idée très précise pour l'organisation, mais je préfère écouter plutôt que de me lancer dans un exposé magistral qui n'aurait pas les mêmes vertus thérapeutiques.

C'est Moustier, de la *Production*, qui démarre :

– Pour moi, une organisation adaptée pour fluidifier l'innovation en respectant les contraintes de sécurité et de coût fixées par l'entreprise devra faire en sorte que 80 % de la chaîne de valeur, c'est-à-dire de la chaîne qui va d'une demande au logiciel activé, soit dans le périmètre d'une seule équipe. Cela évitera l'essentiel des contrats, des négociations et autres plannings qui nous pourrissent la vie et ne servent finalement qu'à masquer la pénurie des quelques informaticiens pluricompétents que nous avons péniblement réussi à conserver !

– C'est vrai, nous n'avons pas vraiment valorisé ces trajectoires de contremaître, ces opérationnels qui maîtrisent la technique, le métier, la communication…, dis-je, pensif. Je garde néanmoins pour moi la réflexion suivante : l'absence de carrières pour opérationnels nous conduit à décourager l'intelligence en en concédant le monopole aux gestionnaires…

Béranchon interroge :

– Pourquoi pas, mais cela reviendrait à s'organiser autour d'applications, en répliquant dans chaque équipe des compétences que nous avons pourtant réussi à mutualiser : architecture, achats, spécialistes d'environnements techniques, grosses machines et j'en passe. N'est-on pas en train de fantasmer sur un mode organisationnel qui nous renvoie aux débuts de l'informatique, et qui a lui aussi de lourds inconvénients ?

Lefebvre poursuit sur un ton approbateur :

– Tout à fait d'accord avec toi. Tout ce que l'on va réussir à faire, c'est créer des baronnies fortifiées qui, parce qu'elles auront toute l'autonomie d'une DSI pour gérer leurs quelques applications, se désintéresseront des intérêts à long terme du système d'information, qui lui, impose une certaine homogénéité des pratiques. Qui va accepter les normes de sécurité, les règles du plan de secours, ou les normes d'interfaçage ? En clair, intégration et sécurité vont être mis à mal dans notre nouveau tableau de bord !

– Conclusion : la dette technique – le passif – va augmenter, et comme vous nous l'avez brillamment démontré, Paul, les coûts suivront..., assène Béranchon.

Je reprends :

– Ne jouons pas les Cassandre inutilement. Notre nouvelle carte d'état-major doit nous permettre de visualiser et donc de piloter la dette technique. Nous pourrions très bien mettre en place un mécanisme de type pollueur/payeur qui taxe lourdement les applications ne respectant pas les enjeux long terme, comme l'interopérabilité ou la sécurité globale.

– Mmm. Vous n'allez pas me rendre la vie facile, poursuit Lefebvre. Je préfère de loin le mode actuel où je peux contrôler l'application des standards à la source, et utiliser mon droit de veto si nécessaire.

– Si votre métier était facile, je ne vous verserais pas des émoluments de ministre ! Prenons les choses à l'envers : quelles sont les conditions nécessaires pour qu'un contrôle *a posteriori*, et non plus *a priori*, permette de garantir l'intérêt général du SI à long terme ?

– Attendez un instant..., répond Lefebvre, un peu penaud.

Moustier enchaîne :

– Du côté de la production, je me suis forcément posé la question. Quelles sont les conditions nécessaires pour disperser une partie de mon propre département dans des unités autonomes capables de faire tourner leur propre morceau de SI ? Paul m'a dit que si je supprimais mon job j'étais promu (il se tourne vers moi et me gratifie d'un clin d'œil), donc j'ai réfléchi sans inhibition !

– Et alors ? demande un chœur.

– Alors, pour me focaliser sur ce que je veux vraiment, j'ai commencé par me remémorer mes meilleurs moments. Ces moments où l'on a réussi quelque chose de grand, où les utilisateurs sont venus nous voir, et nous ont dit : bravo les gars. Et j'ai cherché la racine commune à ces situations.

– Tu veux dire que tu as trouvé des caractéristiques communes aux plus beaux projets de ton département ?

– Pas plusieurs, une.

– Laquelle ?

– La collaboration.

– La collaboration ? Mais tout le monde collabore ici ! Et pourtant tous tes projets ne sont pas des succès..., insinue Lefebvre.

– La collaboration, dans son sens noble, c'est-à-dire le travail en équipe pluridisciplinaire, dans un esprit de partage, d'apprentissage, et donc d'épanouissement de tous.

– *Welcome in Bisounours-land* ! persifle Lefebvre, qui commence manifestement à être agacé.

– Bien, dis-je pour l'interrompre, et où t'a conduit cette première découverte ?

– Je me suis tout simplement dit que c'est cette énergie, ce sens que je voulais retrouver dans une nouvelle organisation. Et là, tout est devenu clair : il faut rendre autonomes des équipes du point de vue de l'exploitation de leurs systèmes ? Eh bien, plutôt que de faire à leur place comme aujourd'hui, je vais désormais proposer un service de soutien qui les aide à assurer eux-mêmes l'essentiel du service.

– Quel rapport avec épanouissement ou pluridisciplinarité ? interroge Béranchon.

– Essaye d'imaginer ces équipes vraiment autonomes. Qui faut-il réunir pour construire du logiciel ?

– Des experts métiers, des analystes, des architectes, des développeurs..., répond Béranchon.

– Et qui faut-il ajouter pour que ces équipes non seulement construisent, mais aussi opèrent elles-mêmes leur système ?

– Eh bien, des gens de chez toi : des experts techniques, des architectes systèmes et réseaux, des administrateurs de machines et de données...

– Tout à fait. Mais s'il faut réunir tout ce monde dans chaque équipe autonome, cela va peut-être coûter cher. Je dis ça avant que Lefebvre ne me le balance à la figure, car c'est la vérité.

(rires)

Moustier poursuit au tableau :

– L'organisation actuelle mise donc sur des spécialistes, disons pour simplifier que les carrés conçoivent, les ronds développent, et les triangles exploitent.

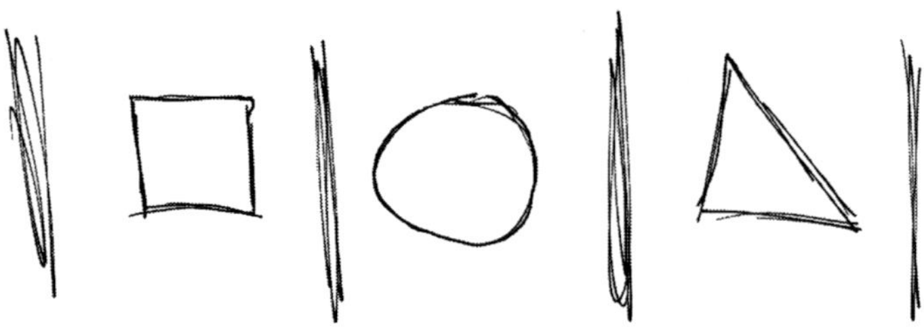

– Dans une organisation en équipes pluridisciplinaires, les compétences principales demeurent bien entendu, mais les interactions permettent d'en développer de nouvelles. On se retrouve avec des équipes de cette forme :

Je prends le relais, franchement surpris par l'intérêt de la vision de Moustier :

– Et ta conviction j'imagine, est que transférer à une équipe un « petit triangle » lui permet d'assurer 80 % du service, les 20 % restant étant relatifs à des opérations complexes ou risquées comme…

Moustier termine :

– Comme des montées de version de systèmes, des audits de sécurité, de l'optimisation de performances, etc.

Béranchon semble convaincu comme moi, mais Lefebvre reste sur ses gardes :

– Toute cette autonomie sera quand même un facteur de dispersion, d'hétérogénéité ! Comment comptez-vous, par exemple, coordonner un projet transverse qui aurait des impacts sur plusieurs de vos équipes « produit » ?

– Très bonne question, dit Béranchon. Dans l'hypothèse où les équipes travaillent en cycles courts et sont capables de prioriser environ tous les mois de nouvelles demandes, un directeur de programme transverse doit pouvoir prendre la main sur plusieurs carnets de commande produit, et ainsi faire émerger progressivement un ouvrage commun.

– Mmm, soupire un Lefebvre dubitatif.

– Je crois que nous avons fait le tour des arguments rationnels, dis-je en m'adressant à Lefebvre. Au fond, qu'est-ce qui vous ferait adhérer à notre proposition ?

– Que vous remettiez les pieds sur terre, je suppose ! Qu'au moins vous réserviez une place au contrôle ! Qu'on évite le chaos total !

– Il n'appartient qu'à vous de réserver une place au contrôle. Je précise donc ma question, quelle forme de contrôle vous ferait adhérer à notre proposition ?

Long silence, que Lefebvre finit par briser :

– Vous avez évoqué le passage du contrôle *a priori* au contrôle *a posteriori* tout à l'heure, mais j'ai du mal à me projeter dedans…

– Disons que c'est du même ordre que l'évolution d'une fonction de comptable vers celle de commissaire aux comptes… Comme l'a montré Moustier, plutôt que de faire à la place des gens – voire de leur interdire de faire –, créez les conditions pour que les standards émergent dans les équipes produit, puis promouvez-les et contrôlez-les *a posteriori*.

Et Béranchon d'ajouter :

– Et rien ne vous empêchera de distribuer les bons et les mauvais points selon le respect de l'intérêt général.

– Tout à fait, et ce en ouvrant vos standards à tous ! poursuit Moustier. **Il doit être aussi simple de s'en servir que d'y contribuer**. Les composants cœur des projets Open Source sont devenus transverses par leur qualité, leur ouverture, par l'attraction qu'ils ont exercée, pas par la force !

– On parlera plus d'exemplarité que d'autorité, enchaîne Béranchon. Tu devras, toi aussi, aider ces équipes autonomes à réaliser des systèmes complets qui s'étendent au-delà de leurs propres produits :

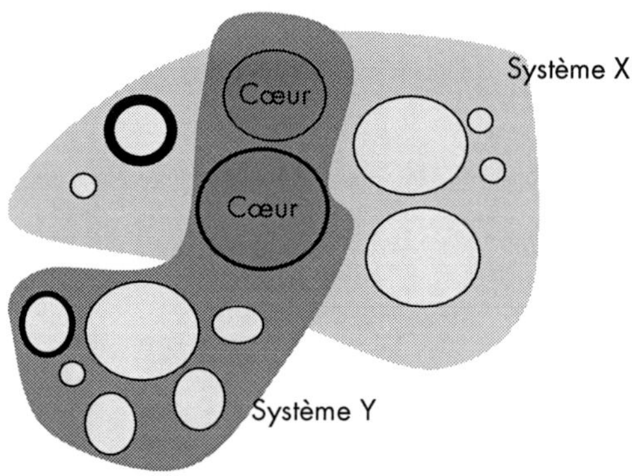

– Les aider à communiquer en animant des rituels réguliers, les aider à tester ensemble en leur offrant une plate-forme de tests automatisés de bout en bout, etc.

Lefebvre a changé d'attitude, son œil commence à briller et un début de sourire est apparu au coin de ses lèvres.

Je conclus :

– Il s'agit finalement de faire massivement le pari de la confiance. Nous retombons encore sur ce principe : si nous prenons les gens pour des adultes, ils se comporteront comme des adultes.

– Et si, comme aujourd'hui, nous les prenons pour des enfants..., sourit Moustier.

Alors Lefebvre, manifestement rassuré, demande :

– Très bien messieurs. Mais si nous prônons la déspécialisation, l'acquisition de nouvelles compétences, peut-être devrions-nous aussi nous astreindre à cette discipline pour montrer l'exemple non ? Comment vais-je m'assurer de bien gérer ce nouveau territoire ouvert ?

– Et moi le développement ? ajoute Moustier.

– Et moi l'exploitation ? enchaîne Béranchon.

– J'ai une proposition : faisons simplement équipe comme nous le suggérons aux troupes. Réorganisons nos quatre bureaux en un grand espace ouvert où nous travaillerons ensemble. Gardons deux salles fermées pour les entretiens privés. Cela nous aidera à sortir de nos cases de directeurs spécialistes, et à incarner à la place un directoire focalisé sur l'optimum global !

– Et si nous écrivions un manifeste ? lance Moustier.

*

* *

Pour une informatique conviviale

- Garantir la sécurité de l'emploi pour exiger l'amélioration continue.
- Privilégier les équipes Produit autonomes, responsables du fonctionnement <u>et</u> de l'évolution de leur système.
- Évoluer en cycles courts.
- Contrôler *a posteriori* plus qu'*a priori* : les standards émergent des meilleures pratiques.
- Valoriser les postes de contremaîtres (les opérationnels pluricompétents), au même niveau que les gestionnaires.
- Favoriser les rencontres et l'enrichissement des compétences : animer des communautés de savoir-faire (standards) en plus des équipes Produit pluridisciplinaires.

Chapitre 8

Le changement en action

> « *Il est plus sûr d'être craint que d'être aimé.* »
>
> NICOLAS MACHIAVEL

Je vous passe monsieur le président…

- Bonjour, que me vaut votre appel ?
- La Banque est en retard, cela risque de prendre plus de temps que prévu, monsieur le président…
- Vous plaisantez, j'espère ! Vous savez ce qu'il pourrait nous en coûter d'être en retard… Du reste, la Banque pourrait aussitôt devenir le goulet d'étranglement de toute la démarche non ?
- N'exagérons rien…
- Je n'ai pas envie de courir ce risque. Si cela ne va pas assez vite, c'est que votre agent du changement est le goulet. Ce n'est pas à vous que je vais apprendre à discerner une contrainte ! Appliquez vos théories, s'il vous plaît ! Mobilisez plus de monde !
- Malheureusement la contrainte principale qui pèse désormais sur l'organisation est le désalignement chronique du comité de direc-

tion, dès qu'il est question de l'innovation. Il existe un conflit permanent autour des arbitrages de type « Investir pour le long terme ou réussir le court terme ? » ou « Innover par les grands plans ou par le soutien aux initiatives individuelles ? » Démultiplier notre action ailleurs n'est pas la meilleure des solutions.

– Si vous le dites ! Il me semble que ce conflit entre légitimistes et légalistes ne date pas d'hier. Alors appliquez vos théories comme vous le voulez, mais obtenez les résultats que vous m'avez promis.

– Je ferai de mon mieux monsieur le président.

*

* *

Il est midi dans le grand amphithéâtre que j'ai réservé pour la présentation de la réorganisation imaginée avec Moustier, Béranchon et Lefebvre. Nous avons réuni une assemblée bigarrée, composée à la fois de responsables et d'opérationnels de la DSI. Secrotas et Kasperski sont également présents, car leur aide est précieuse dans ce type de réunion où la résistance va nécessairement se manifester.

Grâce à la carte d'état-major qui synthétise de manière évidente nos douleurs et nos fiertés, j'expose les principes de notre nouvelle stratégie : équipes produit intégrant les études et la production, cycles courts, amélioration continue. L'assistance semble apprécier le paradoxe selon lequel pour faire de grandes choses, il faut en réussir de petites en quantité, dès lors qu'elles sont alignées sur un but explicite. J'explique en substance que nous ne souhaitons pas basculer de manière brutale dans ce modèle, ce serait trop risqué. Le « peut-être mieux » ne peut se substituer d'un coup à ce qui marche aujourd'hui, même mal.

Je présente donc le périmètre retenu à ce stade : deux directions produit sont créées, une pour la finance et l'autre pour la direction commerciale. Cette dernière devra gérer la partie du patrimoine informatique destinée aux forces commerciales en agence, ainsi qu'aux clients en direct, ce qui inclut donc notre fameux site Web « plus jamais ça ». Les personnels des études et de la production concernés seront déplacés dans chacune des nouvelles directions.

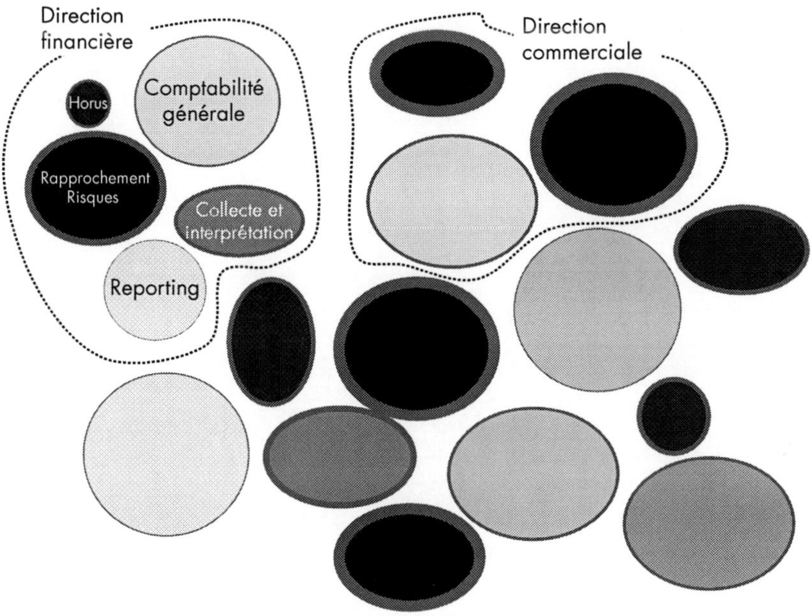

Une personne de l'assistance me lance, irritée :

– Vous aurez beau réunir les gens, si les achats de machines, les installations physiques ou les interconnexions passent toujours par la production qui détient le reste du système d'information, vous ne tirerez aucun bénéfice de votre réorganisation ! Vous vous retrouverez face à un guichet mutualisé dont la priorité n'est pas forcément d'accélérer votre débit…
– C'est tout à fait exact, c'est pourquoi nous allons « désimbriquer » ces systèmes du reste et les remettre entre les mains des équipes produit, auxquelles seront **intégralement transférés les moyens et la responsabilité d'exploitation.**
– Mais cela va coûter une fortune ! Tout un tas de machines sont mutualisées !
– Ce n'est pas parce que nous nous échinons à mutualiser tout ce qui ressemble à un ordinateur depuis trente ans que c'est la meilleure façon de faire aujourd'hui. Cela s'appelle une ornière ! Il faut savoir en sortir ! Mais je vous l'accorde, plus un choix est ancien, plus il est difficile d'en faire le deuil.
– Et comment comptez-vous vous y prendre ?

Moustier intervient :

– Nous n'allons pas reproduire les mêmes environnements physiques en dupliquant toutes ces infrastructures, ce serait un investissement trop important effectivement. Nous allons louer des capacités de traitement et de stockage sécurisé à un ou plusieurs partenaires de confiance.

– Et comment des centres d'exploitation « éclatés » peuvent-ils fonctionner de concert ?

Lefebvre prend le micro, avec un air visiblement satisfait :

– Il me semble que personne ne se plaint des applications composites qui sont aujourd'hui la norme sur Internet : Google Maps est d'ailleurs utilisé chez nous pour tous les services géolocalisés, et on n'a pas demandé à Google d'installer ses serveurs dans nos locaux, à ma connaissance !

Moustier renchérit :

– Je ne vois pas d'obstacle majeur à ce que nous réussissions de la même façon avec nos centres de calcul. Nous devrons bien sûr standardiser les contrats d'interconnexion entre les futures plaques produit, notamment du point de vue de la sécurité. Chaque plaque produit sera une forteresse responsable de sa protection vis-à-vis des autres forteresses de la maison, et des partenaires extérieurs.

– OK pourquoi pas, mais en externalisant la gestion des machines à des fournisseurs, vous allez disqualifier de nombreux personnels ! J'imagine que ces marchands de *cloud computing* vous ont fait miroiter de bien belles promesses…

Ce syndicaliste dont le ton est limite insidieux commence vraiment à m'énerver, je bous intérieurement. Très maître de ses moyens, Moustier poursuit :

– Oui, certains métiers tels que nous les connaissons aujourd'hui vont devenir inutiles. Mais notre plan de transformation a pour contrainte de préserver l'emploi. C'est une des raisons pour lesquelles nous souhaitons avancer progressivement et non pas brutalement. Au sein de l'équipe de direction, j'ai d'ailleurs pris la charge de gérer la transition des employés concernés vers nos nouveaux métiers : gestion de fournisseur, supervision de processus métier, programmation système, tests d'infrastructure automatisés…

Moustier enchaîne sur sa dialectique des petites « oreilles », qui poussent comme autant de nouvelles compétences acquises dans une équipe pluridisciplinaire. On voit qu'il est passionné par le sujet. Je ne doute pas une seconde de ses succès à venir.

Tout à coup, alors que les remous commencent enfin à s'apaiser, Secrotas prend la parole :

– En quoi pensez-vous que les bons résultats obtenus avec vos méthodes agiles sont à la fois pérennes et généralisables aux autres processus de la DSI, comme l'exploitation ou la cohésion du SI à long terme ?

Mais qu'est-ce qui lui prend ? N'est-ce pas assez difficile de convaincre ce public pour juger utile d'ajouter à la controverse ? Il est malade ! Mais Lefebvre répond tranquillement :

– Les démarches agiles ont permis de fluidifier la production de logiciel au niveau des départements Études de la DSI. Ce faisant, elles ont déplacé le goulet d'étranglement vers les phases amont – recueil de besoins, budgétisation, planification, et études d'architecture – et les phases aval – intégration au SI, tests et mise en production. L'optimisation globale du système nécessite bien entendu d'attaquer ces deux types de contraintes.

Béranchon ajoute :

– L'autonomie budgétaire et les cycles courts qui permettent de prioriser en permanence les demandes vont clairement réduire les contraintes de la phase amont ; nous pouvons maintenant nous lancer sans tout prévoir…

Moustier enchaîne :

– Quant à la phase aval, si nous ne l'améliorons pas, inutile d'optimiser le débit de demandes. Si les équipes d'exploitation ne peuvent mettre en production au même rythme que la réalisation, le logiciel finira en stock intermédiaire devant le guichet : « en attente d'intégration » ou « en attente de test »…

Réponses manifestement insuffisantes pour Secrotas, qui semble toujours d'humeur provocatrice :

– Mais pourquoi la production deviendrait-elle la contrainte ?

Moustier reprend, toujours calme :

– Tout simplement par repli sur son optimum à elle, c'est-à-dire garantir la sécurité du fonctionnement, sous peine de gros ennuis ! De plus, peu d'investissements ont été réalisés pour garantir la testabilité automatique des infrastructures. Pour faire face à un nouveau logiciel arrivant d'une équipe « agile », il faut allouer une force de travail importante et réaliser une **campagne d'intégration et de tests manuels** souvent très lourde.

– En quoi la nouvelle organisation s'attaque-t-elle à cette contrainte ? poursuit Secrotas.

Cette fois, c'est moi qui réponds :

– Nos schémas organisationnels direction des Études/direction de la Production sont hérités d'un temps où matériels, logiciels et réseaux étaient des ressources extrêmement coûteuses, donc à mutualiser absolument. Aujourd'hui, des technologies comme le *cloud computing* réalisent un vieux rêve, celui de disposer d'une puissance informatique à la demande, à faible coût. En utilisant cette technologie pour remettre en cause le cloisonnement Études et Production, c'est-à-dire en transférant la responsabilité d'exploitation à des équipes produit autonomes, nous pouvons exiger une diminution du temps et du coût d'un passage sécurisé en production, et obtenir un gain global dans la DSI.

Et Moustier de compléter :

– Cette stratégie nécessite de revisiter nos schémas organisationnels, comme Paul l'a expliqué. Utiliser le *cloud computing* sans remettre en cause ces règles serait tout simplement inutile… Une fois les équipes produit responsabilisées, à elles de déterminer les meilleurs moyens pour obtenir des résultats comme ceux de Google, qui mettent en production sur des milliers de machines plusieurs fois par semaine sans stress ni week-end homérique : tests automatisés, automates de mise à jour, support de plusieurs versions, et j'en passe.

Secrotas sourit :

– Vous avez répondu à ma première question. Je m'interroge également sur la pérennité de votre démarche. Qu'est-ce qui vous fait penser que dans quelques années vos standards de pionniers ne vont pas se transformer en nouvelles pesanteurs ? N'y a-t-il pas un risque que la priorité devienne de faire toujours plus de tests, plutôt que de traiter plus de demandes ? Que l'important soit de raccourcir toujours plus les cycles, quelles qu'en soient les conséquences ? C'est ce qui se passe en général, n'est-ce pas, le tropisme bureaucratique, qui pousse à se polariser sur ce qui justifie son action plutôt que sur ses résultats…

L'attaque est frontale, il faut que je réagisse bien :

– Effectivement, seule une discipline d'**amélioration continue** peut nous permettre d'éviter ce type d'écueil, en imposant l'évolution permanente du standard. Mais qu'avons-nous fait finalement avec l'agile ? Nous avons réuni une équipe et créé les conditions de son engagement : autonomie, responsabilité et pluricompétence. Nous avons fait le **pari de la confiance**. En lui fixant un but et pas les moyens de l'atteindre, l'équipe s'est naturellement améliorée.

Kasperski se décide à sortir de son mutisme :

– Oui, nous sommes un peu les M. Jourdain de l'amélioration continue, nous en faisions sans le savoir… Ces deux principes, ajoutés à la **recherche des causes de gaspillage**, sont les piliers du *lean management*, une discipline industrielle que l'on suit chez Toyota depuis les années 1950…

Il n'en reste pas là et exhibe, sûr de son effet, un vieux prospectus jauni extrait prudemment de son cartable :

Il commente :

– Au chapitre des gaspillages évidents, il y a le fait que 45 % des fonctionnalités proposées dans nos systèmes ne sont jamais utilisées… ! Sans oublier les études qui partent à la benne, les campagnes de tests bêtement répétées, la dette technique qui s'accumule…

Secrotas intervient :

– Je comprends deux des piliers, mais pas tout à fait le dernier : « S'améliorer en continu ». Chacun doit faire évoluer ses propres standards, très bien. Mais comment harmoniser les bonnes pratiques ? 1 000 foyers d'efficacité ne font pas un tout cohérent !

Étonné par cette question, je ne trouve pas mes mots instantanément. Lefebvre assure :

– Dans un monde où l'on se différencie par des résultats objectifs – tels que l'actif, le passif, le coût total, le débit de demandes, le nombre d'incidents –, les comportements vis-à-vis des standards changent ! L'ego entre toujours en jeu, mais les responsables adhèrent plus volontiers à ce qui marche. Ils veulent imiter les bonnes idées de leurs homologues pour obtenir encore plus de résultats, et s'en différencier au final.

Je complète, emporté par la verve de mon ancien directeur de l'architecture (que j'ai du mal à reconnaître) :

– C'est le paradoxe, ce « chaos » vu de l'extérieur est en réalité ultra-discipliné. En réservant du temps long au sein de chaque équipe produit, les standards se diffusent et s'améliorent. La norme n'est plus un territoire fermé, mais un actif ouvert : plan de secours, multiversion, testabilité, interopérabilité… tout le monde a le droit, voire le devoir, de l'améliorer.

Secrotas affiche son air ironique :

– J'ai l'impression que tout votre système repose sur ces nouveaux indicateurs « d'ordre 1 ». En dehors des coûts qui sont mesurables, pensez-vous que la valeur d'un système, son débit de demandes ou son taux d'incident puissent être réellement objectifs ?

– Vous voulez rire, c'est vous-même qui en avez parlé le premier !

– J'ai peut-être eu tort…

– Puisque vous insistez ! Oui, la mesure de la valeur est plus délicate que celle des coûts. La valeur est multidimensionnelle : elle désigne l'utile, le beau, le positif pour la marque, pour le moral, pour la productivité, pour les risques... Son évaluation est donc forcément approximative, dépendante du contexte et réalisée *a posteriori*. Nul modèle ne peut donc prétendre la définir de manière exhaustive, la valeur est toujours le fruit d'un consensus. Que valent par exemple trois retombées presse ou un nombre de défauts de paiement qui diminue ? Aux acteurs concernés d'en discuter.

– Au final, qu'est-ce qui permet d'éviter que le consensus sur la valeur repose sur népotisme et petites ententes ?

– Hum, bonne question. C'est un système qui repose sur la confiance, laquelle peut en effet être brisée. Néanmoins il encourage un cercle vertueux d'introspection, et d'amélioration mesurée. Plus les pratiques s'améliorent, plus la confiance s'installe, et plus l'introspection devient possible, au service de l'amélioration des pratiques. Si des équipes ne jouent pas le jeu, cela se verra.

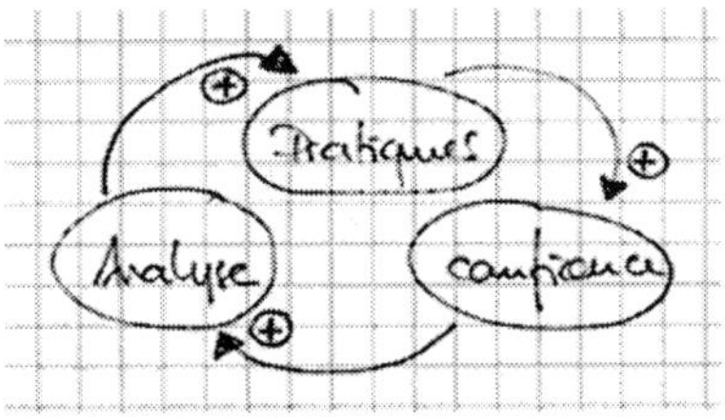

– Quel dispositif anti-erreur, si je me réfère à une pratique que j'aperçois dans votre mémo Lean, peut-il aider à détecter une mesure erronée de la valeur ?

– Voyons. Le meilleur garde-fou, c'est le bon sens. On peut dire que les abus surviennent quand le bon sens ne triomphe plus. Par exemple, une équipe a un bon débit, mais ses clients ne sont « paradoxalement » pas satisfaits. Conflit sur la mesure. Mais nous pouvons traiter ces conflits comme une opportunité de s'améliorer. Au lieu de les fuir ou de rechercher des boucs émissaires, la résolution des conflits fait partie du cercle vertueux.

– Il faut faire tourner une machine à détecter et à gérer les conflits, en somme, conclut Secrotas, pensif. C'est très intéressant, mais de l'ordre de l'acte de foi à ce stade. Écoutez, si votre nouvelle organisation permet la réussite d'un projet transverse aux deux nouvelles directions, je pense que nous pourrons tous dire que vos théories passent vraiment à l'échelle...

Béranchon, visiblement soulagé que l'interrogatoire se termine, lance :

– Il me semble que le chantier Bâle III est un bon candidat : nouvelles informations à collecter côté réseau commercial, nouveaux reportings comptable et prudentiel côté finances ; et tout le monde qui s'apprête à vivre le pénible marathon habituel du grand programme…
– Mais vous êtes fous, pas sur un truc aussi gros ! grogne discrètement Lefebvre.
– Je l'interromps : cher ami, les petits trucs, on les a déjà réussis ! Alors on y va.
– Mais nous prenons un risque énorme !
– Finalement, pas plus que lors de nos premières expérimentations, que nous ne faisons qu'élargir. Comme précédemment, **concentrons-nous sur la création des équipes et des conditions de leur engagement. D'abord qui, après quoi**.

*

* *

Papier trouvé dans une salle de réunion (tout taché de café)

L'objectif de cet atelier sera de faire émerger une **équipe pluridisciplinaire alignée sur la vision d'un produit**, qu'elle aura définie en toute liberté.

Les activités seront animées par des coaches et suivront le déroulé suivant :

- Rechercher auprès de chacun les facteurs de succès qu'il a observés au cours de sa vie professionnelle (méthode *Appreciative Inquiry*) permettra de :
  – créer des connexions entre les membres de l'équipe ;
  – créer un environnement bienveillant d'écoute et de partage propice à la créativité.
- Collecter et sélectionner toutes les idées d'usage ou de produits qui pourraient générer des résultats utiles pour la mission qui nous est confiée : fluidifier l'innovation, sous contrainte de risques et de coût (méthode *Card Storming*).
- Faire émerger un produit.
- Aligner la vision qu'a l'équipe du produit (méthode *Product Box*).
- Sceller cette vision sur un objet concret, une boîte en carton (!).
- Être capable de communiquer cette vision à l'extérieur.

Une boîte « Une informatique conviviale pour la direction commerciale » traîne sur un coin de table :

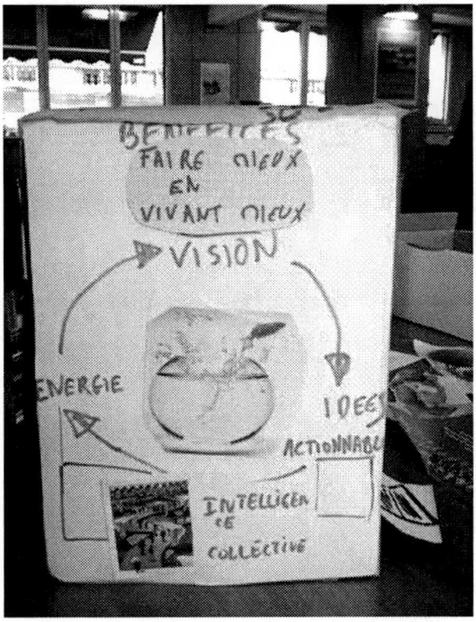

*

* *

Quelques mois plus tard. Je descends en visite dans la division Produit Commerce. Les équipes ont investi deux étages entiers et je profite d'un attroupement devant un panneau pour prendre quelques nouvelles :

– Alors, ça avance ? La transition se déroule bien ? Les portes claquent moins qu'il y a deux mois ?

Mon interlocuteur me répond, goguenard :

– Je vais vous dire, comme nous le rappelle le cynique Dr House – on a la culture qu'on peut –, le cycle d'acceptation du deuil se déroule toujours en cinq phases : déni, colère, marchandage, dépression et enfin acceptation.

– Quel rapport entre notre manière d'accepter la mort et la gestion du changement ?

– Le changement, c'est-à-dire l'acceptation d'une nouvelle idée, suit le même processus. Lorsque vous devez changer : je n'écris plus de code sans tests, je ne mens plus, je cherche à comprendre les gens plus qu'à les convaincre, ou tout autre changement par rapport à une attitude antérieure, vous subissez ce douloureux processus de deuil de vieux choix.

Kasperski, que je n'avais pas remarqué, poursuit :

– La vitesse de ce processus dépend des individus mais aussi des groupes dans lesquels ils évoluent. Elle peut aller de la seconde à plusieurs années… Toutes les dynamiques d'amélioration continue – Agile, Lean ou TOC – sont contraintes par ce processus. C'est finalement la contrainte des contraintes…

– L'avantage c'est qu'à la différence de la mort, qui n'arrive qu'une fois, on peut changer de nombreuses fois, et par là même progresser ! Étant donné que l'on réalise plusieurs changements par mois, la plupart des gens ici ont aussi diminué ce temps de cycle !

(rires)

– C'est quoi ce tableau au mur « Journal PDCA » ?

– L'historique des améliorations en cours ou que nous avons réalisées au travers de cycles courts *Plan Do Check Act*.

– Ah ! La fameuse roue de Deming ! Combien de temps dure un cycle en moyenne ?

– Entre une semaine et trois mois, au-delà cela ne marche pas. Cette méthode nous impose de remonter aux causes profondes des problèmes puis de nous entendre sur une idée de contre-mesure, et surtout sur les résultats que nous en attendons. À chaque petit pas, une prédiction.

J'observe avec attention le tableau affiché au mur :

Journal PDCA		
Problème Beaucoup d'intervenants demandent en permanence au chef de projet des informations sur les environnements (adresse, type d'environnement, mode d'emploi…)	**Contre-mesure** Management visuel : un poster affiche le titre des documents et leur adresse sur l'Intranet.	**Statut** *Act*
Cause profonde Les intervenants ne connaissent ni les documents de description des environnements ni l'emplacement de ces documents.	**Prédiction** Le chef de projet n'est plus interrompu pour une information se trouvant dans les documents de description des environnements.	**Commentaires** Avéré. Standard généralisé à tous les documents clés des activités en cours.
Problème Les livraisons incrémentales des deux équipes ne s'intègrent pas correctement lors des rendez-vous d'intégration, le produit ne fonctionne pas en démonstration.	**Contre-mesure** Mettre en place un Wiki « fédération d'homologation » où l'on concentre les jeux de tests des interfaces.	**Statut** *Check*
Cause profonde Les attendus sur les différentes interfaces ne sont pas clairs, il n'existe pas de tests de recette pour toutes les interfaces.	**Prédiction** Les équipes exécutent les tests d'interface manuellement ou automatiquement avant le rendez-vous d'intégration, qui n'a lieu que si ces tests passent.	**Commentaires** Résultats probants pour les équipes ayant pris le parti d'automatiser ces tests. Encore des bugs en intégration pour les autres.
Problème La fonctionnalité de simulation ne pourra être livrée à temps. Un imprévu énorme s'est abattu sur le projet : le SI Commerce n'historise pas ses données.	**Contre-mesure** Pour chiffrer, on utilise une analyse systémique de préférence à une analyse linéaire des fonctionnalités.	**Statut** *Do*
Cause profonde Une caractéristique forte (historisé/pas historisé) était inconnue des différents décideurs.	**Prédiction** Les dates de livraison ne sont plus impactées par des inconnues majeures.	

Je commente :

– La vraie vie quoi… D'en haut tout paraît simple : des fonctionnalités, des données… et puis nous le savons tous, le diable est dans les détails.

– Tout à fait. On ne peut plus maîtriser un système aussi complexe par une analyse linéaire, cartésienne, qui tente de découper le problème en sous-problèmes.

Je vois que nous avons suivi le même itinéraire de pensée :

– Je m'en suis rendu compte il y a quelques mois quand j'ai arrêté le projet d'urbanisme, détaillé et découpé en différents niveaux d'architecture, au profit de la carte d'état-major unique et partagée entre tous les acteurs.

– Vous avez bien fait ! C'est bien entendu sur ce fond de carte que nous sommes en train de représenter les principaux *patterns* de nos systèmes.

– *Patterns* ?

– Oui, les éléments structurants et récurrents qui les caractérisent : sécurisé en tout sauf/rien sauf, tests automatisés/tests manuels, référentiel public/référentiel privé, transactionnel et *batch*/transactionnel ou *batch*, etc.

– Et vous pensez qu'ils répondent mieux à vos analyses d'impact que toute autre information exhaustive ?

– Oui, ils permettent de lever des alertes sur la faisabilité très rapidement. Ce n'est pas magique, mais c'est à ce jour le meilleur outil que l'on ait trouvé pour réaliser des prédictions de délais de livraison.

– Eh bien je n'aurai qu'un mot, bravo ! Continuez !

– Il n'est pas question de s'arrêter… S'il y a une seule chose de stable désormais, c'est bien que l'on s'améliore en continu !

Chapitre 9

Troisième séance de travail sur le but

« La règle d'or est d'aider ceux que nous aimons à nous échapper. »

FRIEDRICH VON HÜGEL

Troisième séance du groupe de travail sur le but de la Générale. Montleau s'est beaucoup exposé, il a pris directement en main les débats, a fait venir des consultants extérieurs, dont ceux liés à la microfinance et à la Théorie des Contraintes, mais sans s'abriter derrière eux. Ces experts ont exposé leurs visions, mais, pas plus que Montleau, n'ont réussi à faire vivre le débat au sein du groupe, dont chaque membre reste sur la réserve. On est loin de la qualité et de la vigueur des échanges avec mes équipes. Quelle différence fondamentale y a-t-il entre les deux groupes ? Il me semble qu'ici personne ne veuille dévoiler ses interrogations ou sa vulnérabilité, au point de rendre impossible toute discussion puisque l'objectif est d'avoir raison, non d'évoluer, ni *a fortiori* d'apprendre quelque chose au passage…

À l'inverse, ces semaines d'entretiens quotidiens avec mon fils Luc m'ont convaincu d'observer une stricte discipline comportementale : en particulier *dévoiler mes émotions* et *chercher à comprendre plus qu'à convaincre.* Secrotas m'avait pointé la série complète de protocoles mentaux qu'il appelait « *core protocols* », mais ces deux-là s'étaient avérés les plus utiles pour décrisper nos conversations.

Si l'on souhaite la bienveillance, il faut bien qu'un membre du groupe fasse le premier pas. Mais Henri démarre sur les chapeaux de roues, sans ces précautions :

– Je propose que nous repartions du constat rappelé par les experts en microfinance : la Générale étant une entreprise commerciale, son but est de maximiser ses profits, sous contrainte d'impact social, et pas l'inverse, ce qui est le cas de certaines institutions de microfinance.

– C'est ce que nous faisons en maximisant le taux d'équipement des clients. Cartes, plans épargne, assurance, crédit... Et ce, sans déverser de pétrole dans les rivières ni spolier les populations ! lance Pichot.

– Je me demande si « traire les vaches », comme j'ai pu l'entendre, peut effectivement être un objectif à atteindre. Il nous conduit trop souvent à des comportements sous-optimaux. Un conseiller se voit plus encouragé à placer le produit du mois qu'à maximiser le profit par client dans la durée.

– Ou encore, les agences négligent la saisie de certaines informations clés qui pourraient faire économiser des heures au *back-office*, alors que cela ne prendrait que quelques minutes en étant réalisé au plus tôt au contact du client, regrette le patron des centres de traitement, les « usines » de la maison.

– C'est vrai, mais cette méthode de gestion par spécialisation et fixation d'objectifs est un choix stratégique de longue date, nous en connaissons tous les avantages et les inconvénients..., justifie Sibylle.

– Je vous propose justement de discuter stratégie ! s'emporte Montleau.

J'interromps le débat qui s'envenime et menace d'échouer comme les précédentes séances :

– J'ai peur que cette séance finisse encore en lutte de tranchées stérile. Je suis excité que l'on ait l'opportunité de parler ensemble stratégie, dans un sens aussi profond. J'ai peur qu'en cherchant aussi profond, nous tombions sur d'autres problèmes encore plus douloureux à résoudre. Je suis là !

Mon intervention insolite laisse l'auditoire interloqué et silencieux. Henri poursuit après un long moment :

– Moi aussi j'ai peur, je suis triste et en colère de la tournure des débats. Je suis aussi enthousiaste à l'idée de dépiler nos vieux tabous. Et je voudrais donc vous soumettre une technique plus formelle pour avancer : chacun va choisir un effet indésirable qui l'ennuie personnellement, dans sa zone de contrôle. Pas de pointage de doigt, pas de problèmes dans la zone du voisin, juste UN phénomène récurrent que vous souhaiteriez vraiment voir cesser.

La question laisse l'assistance songeuse. L'exercice mené à l'aide de Post-it a au moins le mérite de ramener le calme et la concentration. Au bout de quelques minutes, chacun se lève et va commenter son Post-it au tableau :

Pichot :

– Nos meilleurs conseillers fuient le service aux particuliers pour les filières entreprise ou banque privée…

Le directeur des Risques, jusque-là silencieux :

– On a beau appliquer les procédures, les risques augmentent ! La dernière procédure qu'on ait créée c'est Bâle II et son « ratio prudentiel » compliqué. Voyez comme il a été utile pour anticiper la crise de 2008 !

Sibylle de la direction financière :

– La production des arrêtés de compte trimestriels et annuels est un cauchemar qui nécessite des centaines de milliers de corrections manuelles, dont beaucoup se répètent sans que l'on corrige les problèmes à la source. La plupart du temps, ce sont des informations mal saisies, mal interprétées ou incomplètes.

Le directeur des *back-office* :

– Il y a encore beaucoup de ruptures dans les chaînes de traitement ; tout n'est pas automatisé, il y a souvent des gens qui font n'importe quoi, du coup on doit travailler avec des données peu fiables, qui induisent des coûts supplémentaires et une mauvaise qualité du service pour le client.

Je ferme le ban :

– Même avec l'accélération récente de nos services, l'informatique n'arrive pas à capturer les différentes pratiques innovantes de l'organisation, beaucoup sont jugées déviantes tout simplement parce qu'elles ne rentrent pas dans les cases existantes. J'ai vu un conseiller financier se faire exécuter parce qu'il utilisait ses propres outils pour un segment de clientèle mal adressé par les procédures en place : les communautés ethniques africaines et chinoises.

– Très bien, s'écrie Henri. Pour ma part, je souffre de l'augmentation structurelle des frais généraux. Non seulement les directions transverses coûtent de plus en plus cher, mais en plus elles dysfonctionnent. Si je caricature, la direction des Risques ne fait pas baisser les risques, la direction financière ne produit pas de chiffres plus justes, la direction de la Qualité n'améliore pas la qualité. Nous confondons dépense et création de valeur, comme si elles étaient corrélées ! Progresser dans la hiérarchie signifie gérer plus de budget, pas forcément contribuer plus au but de l'entreprise !

Avant qu'il n'ait pu finir sa phrase, les esprits s'échauffent et l'on oublie la règle initiale du doigt levé en s'invectivant copieusement :

– Comment ça ma direction fonctionne mal ?

– Tu n'aurais jamais dû le mettre au placard ton conseiller sino-africain !

– S'il y a des ruptures dans les chaînes de traitement, c'est bien à cause de ce genre de petits malins, et tu voudrais les protéger !

– Si l'informatique arrivait à informatiser correctement nos pratiques bancaires officielles, ce serait déjà pas mal…

Avant que cela ne dégénère davantage, Henri reprend la parole :

– Écoutez. Je suis sûr que tout le monde ici fait son maximum pour obtenir les résultats attendus, dans les limites de l'information dont il dispose. Il est inutile de chercher un bouc émissaire à vos problèmes, il est déjà trouvé : c'est moi. En effet c'est moi qui ai modelé l'organisation, je suis donc responsable de ses dysfonctionnements. J'aimerais maintenant revenir à l'identification des effets indésirables. Je vous propose d'utiliser pour chaque effet indésirable la technique du nuage de conflits que nous ont proposée les experts en TOC. C'est celle que Paul a utilisée avec succès au sein de ses équipes très récemment. Commençons par la tragédie du transverse qui me semble être un point commun de vos griefs. Quand Paul regarde notre système d'information, qu'y voit-il ? La trace de nos conflits passés ! Notre organisation est aussi, pour partie, le produit de nos erreurs : à chaque erreur, il faut régler au mieux le conflit qu'elle engendre. Or le conflit est tabou, il doit être évité. Alors que le mieux serait de procéder avec calme et rationalité, par exemple avec les outils que nous expérimentons ici, on préfère rechercher un bouc émissaire dans la précipitation. Le bouc émissaire trouvé, on décrète qu'il faut soit le remplacer, soit le contrôler par quelqu'un de plus spécialisé. Provisions un jour mal calculées ? Et hop une direction financière. Problème d'ouverture de compte trop longue, ayant conduit à la perte d'un client ? Et hop spécialisation entre direction Entreprises et direction Particuliers. Risques avérés dans un portefeuille d'investissements qui chute ? Hop une direction des Risques. On a fait de cette division l'unique réponse à la croissance des volumes et de la complexité. Aujourd'hui, je me rends compte à quel point cette spécialisation structurelle, que j'ai moi-même cautionnée, peut devenir à notre échelle une forme d'aliénation. Ces murs érigés entre départements déresponsabilisent les uns et les autres et font exploser les dépenses, car faute de mesurer sa contribution en valeur, chacun est tenté de la mesurer en dépenses. L'augmentation structurelle des frais généraux est bien plus rapide que celle des revenus.

– En même temps, mesurer la contribution d'une direction transverse restera toujours un casse-tête où chacun dira « ceci c'est grâce à moi » ou « sans moi le déluge », remarque Pichot.

Secrotas intervient soudain :

– Si les contributions de ces directions étaient cessibles dans d'autres entreprises, nous pourrions évaluer un prix de marché proche de la valeur accordée à ces services.

– Je doute que nos concurrents ou nos partenaires s'intéressent à nos produits intermédiaires : que feraient-ils d'une note de synthèse sur les risques ? D'un cahier des charges informatique ? D'un catalogue d'achats ? interroge Pichot.

– Là est le problème aujourd'hui, poursuit Secrotas. Mais on peut imaginer **des directions transverses structurées de telle sorte qu'à**

leur frontière soit produite une valeur ajoutée cessible en dehors de l'entreprise. Amazon va jusqu'à ouvrir ses frontières réellement ! Ils proposent leurs propres services logistiques aux PME. Par conséquent, si leur offre fonctionne, leur performance interne devient indiscutable, alors qu'elle est discutée en permanence ici.

– Mmm, souffle Pichot

– Quoi de neuf ? Nos usines *back-office* sont déjà structurées de cette manière. Les dossiers vendus à Melun sont gérés à Perpignan et peuvent terminer au contentieux à Sochaux ! achève Sibylle.

Montleau reprend comme si de rien n'était :

– Effectivement, que pourraient nous acheter nos concurrents de nouveau ?

– Certainement pas nos armées de Mexicains des Risques ou de la Comptabilité ! persifle Pichot.

– Et pourquoi pas ? interroge Henri. Un service de conseil et d'assistance en risque ou en comptabilité, cela existe. J'en connais même qui se font payer aux résultats !

– Dix personnes compétentes suffiraient, or ils sont plusieurs centaines, puisque le choix a été fait de les faire travailler seuls plutôt qu'en liaison avec nous…

Avec son cynisme, Pichot vient sans le savoir de pointer un élément clé :

– C'est tout à fait exact. Si l'objectif d'une direction transverse était de diffuser ses compétences dans les unités opérationnelles, sous contrainte de qualité et de coûts inférieurs ou égaux, vous verriez comment agirait une DRH ou une direction des Achats !

– Certainement pas en doublant ses budgets tous les cinq ans ! confirme Henri.

– OK, on en revient à l'éternel conflit entre centralisation et décentralisation…, interrompt Pichot, sceptique.

– Pas exactement, car que nous centralisions ou que nous décentralisions, nous appliquons en fait toujours les mêmes schémas ! Nous spécialisons quand même, et ne diffusons que rarement de nouvelles compétences dans des unités autonomes.

– Paul a raison, la décentralisation ne conduit pas à plus d'autonomie des équipes, elle ne fait que déplacer les spécialistes, conclut Henri. Tocqueville a déjà décrit ça il y a déjà deux siècles, en parlant de centralisation administrative.

Secrotas ébauche au tableau un nouveau nuage de conflits :

– Nous observons donc un conflit entre spécialisation et autonomisation. Nos directions transverses ne transfèrent pas leurs compétences aux unités, et fournissent un service mutualisé, plutôt qu'encourager la duplication des meilleures pratiques au plus près des opérations.

– Je vous trouve très bienveillant avec votre analyse factuelle. Pour ma part, j'observe une volonté délibérée de complexifier et d'opacifier les services pour surtout ne pas les vulgariser auprès du petit peuple des agences…, ironise Pichot.

Je poursuis :

– Pour croître de manière rentable, il semble qu'il faille à la fois répliquer et mutualiser des moyens. Autonomiser est un prérequis à la duplication de centres profits, et spécialiser est un prérequis à la mutualisation de moyens.

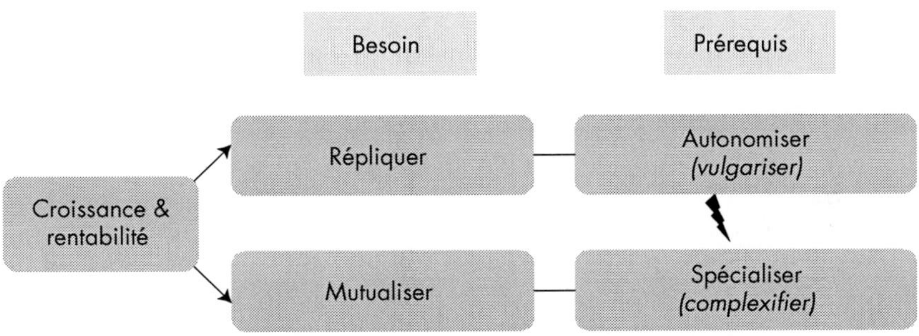

C'en est beaucoup pour Sibylle qui commence à s'agiter, et finit par lâcher :

– C'est bien gentil l'autonomie des unités, mais on n'est pas au royaume des innocents ici ! Vous allez voir le chaos s'installer ! Les données financières gérées en agence, les risques gérés en agence, et pourquoi pas l'informatique tant que vous y êtes ! Comment pouvez-vous espérer faire confiance à tout le monde ?!

– Considérez vos troupes comme des enfants, ils se comporteront comme des enfants…, renvoie Secrotas.

– Il est exact que nous faisons massivement le pari de la méfiance aujourd'hui..., laisse planer Henri, pensif.

J'ajoute :

– Cette méfiance généralisée comme mode de gouvernement s'observe aussi dans nos systèmes. Les règles de sécurité qui compartimentent l'accès aux traitements et aux informations s'accumulent et complexifient inutilement des logiciels qui finissent par s'écrouler sous leur propre poids : vous pouvez consulter le solde de tel compte si vous êtes de l'agence, mais pas la somme des soldes, à moins que vous ne soyez directeur ou comptable en central, etc.

– C'est vrai, à quoi bon tout dissimuler ?

– Pour contrôler la situation, Henri ! répond Sibylle.

– Pour contrôler la situation, *a priori*, rectifie Secrotas. Les empereurs contrôlaient bien des empires sans pour autant valider chaque décision de leurs consuls distants de milliers de kilomètres...

– Exactement. Aujourd'hui nos systèmes obéissent à un code génétique « tout est interdit sauf les accès explicitement autorisés », adapté à un contrôle *a priori* : vous ne pourrez jamais faire ce qui n'a pas au préalable été prévu pour vous. Cependant, je connais des systèmes qui obéissent à un génome opposé « tout est autorisé (mais tracé), sauf quelques interdictions ». L'encyclopédie en ligne Wikipedia, que vous devez vous aussi connaître, obéit à ce principe de contrôle *a posteriori*. Un vandale ou un étourdi peut corrompre des informations, mais c'est très vite su grâce aux traces, et il est possible de revenir facilement en arrière. Essayez de remplacer la page sur l'existentialisme par une blague de Toto, vous y arriverez. Mais revenez demain, et vous verrez que votre vilaine blague a été remplacée par la version précédente de l'information.

Henri conclut :

– Si je reformule bien, nos systèmes considèrent le comportement délictuel comme la règle par défaut. Comme souvent, à cause de 1 % d'abus, tout le personnel est traité comme un délinquant potentiel – ce qui l'encourage au passage à se comporter comme tel. Ce que nous pouvons proposer désormais, c'est que la violation de droit soit considérée comme l'exception plutôt que comme la règle. Un nouveau système en découle, comme le contrôle *a posteriori*, lequel ne débusquera d'ailleurs que peu de fautes, qui donneront lieu à quelques contre-mesures *ad hoc*... Cela peut surprendre en effet.

– Oui. Le nombre d'actes malveillants sur Wikipedia est totalement marginal. Mais régulièrement un couac survient, et la tentation de renverser cette dynamique réapparaît. Un peu comme chez nous. La sécurité actuelle n'est que la marque de nos couacs mal digérés. Nous avons systématiquement mis plus de sécurité, mais pas une meilleure sécurité au final.

– À ce propos, connaissez-vous la dernière en agence ? s'amuse Pichot. Un client a appelé pour qu'on lui envoie exceptionnellement des relevés à une autre adresse que celle inscrite dans le système. Le conseiller a refusé car ce n'est pas conforme à la procédure, et le changement d'adresse dans le système prend trois jours. Il a dû en référer à sa hiérarchie pour pouvoir enfin envoyer un courrier manuscrit ! L'accès à des outils plus modestes que ceux représentant « la loi » est interdit, et la loi nous empêche parfois de servir correctement nos clients...

Sibylle semble toujours peu convaincue :

– Oui mais il y a quand même des fonctions qui doivent être centralisées ! Par exemple, la production d'informations agrégées sur toute la banque, comme notre exposition globale sur le yen ou le Maroc.

– Probablement. Des services d'assistance ou de conseil peuvent notamment être mutualisés. Mais pour reprendre votre exemple, dès lors que l'information devient publique, le maximum de monde doit pouvoir visualiser sa contribution au risque, et apprendre à en être responsable, même au fin fond de la province ! rétorque Henri.

– Peut-être. Reste qu'on ne peut pas demander aux gens d'apprendre et de s'améliorer en permanence ! Vous allez avoir les syndicats sur le dos à peine sortis de cette pièce !

– Les « gens » comme vous dites obéissent aux signaux, positifs ou négatifs, du système dans lequel ils vivent. Si nous positivons la transmission et l'acquisition permanente de talents, tout le monde y trouvera son compte, croyez-moi.

Cette dernière remarque de Montleau n'appelle plus de contestation. Il clôt la séance, qui a été épuisante mais qui laisse planer comme un délicieux souffle d'air frais :

– Pour résumer, nous pouvons donc envisager une autre forme organisationnelle que l'unique spécialisation, en donnant pour **objectif aux directions transverses de décroître en autonomisant au maximum les unités opérationnelles**. Le système de récompense devra pour cela valoriser la diffusion et l'apprentissage de ces compétences. « Supprimez votre job, vous êtes promu », comme dirait Paul. Ce simple constat, qui peut paraître anodin, ouvre en fait d'immenses possibilités d'amélioration... Et rien ne nous empêche de tenter une opération pilote très vite, par exemple chez Sibylle. J'ai hâte de savoir comment vont réagir les syndicats...

Chapitre 10

Décroissance comptable

« Les hommes construisent trop de murs et pas assez de ponts. »

Isaac Newton

Toute l'opiniâtreté du taxi à éviter les bouchons parisiens ne m'aura pas permis d'arriver à l'heure à ce déjeuner avec Sibylle. Son invitation marquait 12 h 30 et il est presque 13 heures lorsque je débarque dans le restaurant. Je l'aperçois à une table, nerveuse, en train de malmener son Smartphone.

– Je suis désolé Sibylle, mais le trafic était vraiment épouvantable ! (aussi, quelle idée de m'inviter à l'autre bout de la capitale ? Il y avait quand même plus simple pour éviter les quelques spots des cadres dirigeants de la Générale).

– Ce n'est rien, ce n'est rien. Asseyez-vous donc Paul.

– Comment allez-vous depuis cette dernière séance il y a un mois ?

– Pas mal. Pas mal.

Elle prononce ces mots, puis son regard devient de plus en plus fuyant et ses mains se crispent.

– Ah. Quelque chose semble vous préoccuper néanmoins...

– Oui bien sûr, vous savez que je ne vous attirerais pas dans un tel endroit sans une bonne raison. Je vous ai fait venir parce que... Parce que je n'y arrive pas !

– Vous n'arrivez pas à quoi ?

– Mais à tenir le challenge que m'a fixé Henri !

– Et réussir consisterait en quoi selon vous ?

– Eh bien à diminuer mes coûts, à « décroître » comme il a été demandé !

– Il me semble qu'il y avait un paramètre supplémentaire dans la méthode à employer : rendre autonomes vos usagers pour pouvoir leur déléguer plus efficacement vos tâches actuelles.

– Oui et tout le baratin sur la confiance, j'ai bien compris. J'ai donc fait appel à mon cabinet de conseil en stratégie habituel, mais ils ont tenté de m'orienter vers de la centralisation et de l'*off-shoring* massif, c'est-à-dire encore plus de ce que nous faisons déjà. Comme si les organisations se modelaient comme de l'algèbre : je factorise, je mutualise et je spécialise à l'infini. Ils n'ont aucune vision des systèmes humains et de leurs contingences : conflits entre spécialités, latences et inefficacités induites par le découpage, limite à la complexité gérable en central, etc.

– Vous avez peut-être du mal, mais vous avez déjà assimilé une belle leçon de systémique de notre ami Secrotas à ce que je vois !

– Ah ! Ne me parlez pas de Secrotas ! J'ai obéi à Montleau en l'utilisant, mais il a mis une panique noire dans mes services. Mes directeurs m'ont rapporté qu'il leur faisait perdre leur temps avec des jeux ridicules ou des ateliers psychologiques façon secte. Si vous voyez ce que je veux dire... alors les tralalas et les circonlocutions, c'est fini !

– Mais vous n'étiez pas vous-même investie dans ces réunions ?

– J'ai coutume de déléguer et de faire confiance à mes directeurs. Ce n'est pas conforme à vos principes, peut-être ?

– Si bien sûr, mais en régime de croisière, lorsque les règles sont établies. Vous savez les grands généraux sont toujours présents sur le terrain lors des grandes batailles. Vous n'avez probablement pas pris toute la mesure du changement qu'induit le postulat de l'autonomie et de la confiance.

– Bien sûr que j'en ai pris la mesure !!! Elle me regarde rageusement, mais il y a de la sincérité dans ses yeux. Je ne trouve pas la solution c'est tout !

– Je m'excuse Sibylle, je ne voulais pas vous heurter. Je suis du reste ravi et flatté que vous fassiez appel à moi. Mon conseil était simplement de vous impliquer directement. Mais au fait, souhaitez-vous que je vous aide ?

– Oui, ce serait utile Paul.

– Bien. Alors je peux vous proposer ce qui a fonctionné chez moi : définition du but du « système direction financière » dans un manifeste qui décrit également les indicateurs d'ordre 1 mesurant son atteinte. Puis, lancement d'un projet innovant au service de ce but. Simple non ?

– Mais c'est la même méthode que Secrotas !

– Oui, mais c'est notre deuxième essai.

– Bon.

– Écoutez Sibylle, Secrotas est grillé maintenant, nous ne pourrons plus l'utiliser qu'en support. Comme beaucoup de porteurs de mauvaise nouvelle ou d'agents du changement – ce qui est un peu la même chose –, il a subi le déni et la colère de vos troupes. Mais au fond, il a déblayé le terrain. Je prendrai le risque de reprendre sa place, mais venez simplement me soutenir.

– Bon. C'est entendu. Au fait, merci Paul.

*

*   *

Déjà deux séances avec nos sémillants collègues de la comptabilité, et je commence sérieusement à me demander ce que je suis venu faire dans cette galère. Ni Sibylle ni moi n'arrivons à démêler le fatras de cette immense direction aux objectifs variés, aux effectifs pléthoriques, et dotée d'un système d'informations des plus anciens et complexes.

– Résumons-nous, repris-je. La direction financière est aujourd'hui organisée en trois grands pôles :

- la comptabilité générale, qui sert d'abord l'actionnaire et produit le bilan (ce que l'entreprise a et doit, sa photo à l'instantané) et le compte de résultat (ce que l'entreprise a gagné et perdu cette année). Cette information est structurée par comptes : les en-cours de crédit, les disponibilités, les recettes de commissions, les dépenses de salaires, etc.
- le budget sert d'abord le management et pilote les dépenses et recettes par lignes analytiques : par affaire – qu'il s'agisse d'un contrat client ou d'un projet interne –, par client, par produit, par pays…
- Le réglementaire sert d'abord l'autorité de tutelle en agrégeant notre bilan non par compte, mais par typologie de risques : dépôts à terme, crédits hypothécaires, dérivés de change, etc.

– Tout ce foisonnement de référentiels (comptes, types de risque, produits, clients, affaires) contribue à créer de multiples foyers de données, relativement incohérentes entre elles, poursuit Sibylle.

– Oui, mais on se satisfait bien du travail des agents de base pour les réconcilier…

– Et on a déjà tenté une fusion des référentiels de stock de contrats et de flux d'événements, mais les besoins ne sont vraiment pas les mêmes entre les directions…

Cette oscillation permanente entre les « on le savait déjà » et les « c'est pas possible », me décourage. Plutôt calme jusqu'à présent, Sibylle hausse tout à coup le ton :

– Ça suffit ! J'en ai assez de vos jérémiades. Vous ne voyez pas que Paul essaie désespérément de nous aider à trouver une solution. Si nous ne sortons rien de ce groupe de travail, vous pouvez d'ores et déjà vous inscrire au chômage !…

– Le groupe a produit quelques idées, on n'en est pas encore là… interrompis-je faiblement.

– Si, on en est là ! Et j'en suis venue à me dire : ce n'est pas tant de nouvelles idées dont nous avons besoin, mais d'abord d'abandonner toutes les anciennes qui nous polluent l'esprit.

– Mais madame Barrière-Johannel… essaie un autre directeur.

– Il faut vraiment avancer ! On ne pense qu'à protéger ses territoires et on s'enferme dans leur justification ! On tourne en rond !

Je la prends à part un instant :

– Sibylle, peut-être devrions-nous revenir un instant sur le pacte « Supprimez votre job, vous êtes promu ». J'ai l'impression que tous les blocages viennent de là.

– D'accord Paul, je m'emporte. Allez-y.

Je reprends :

– Écoutez, tout ceci est extrêmement inconfortable car on ne peut percevoir à ce stade que les risques du changement, et guère les gains. Je vais vous faire une confidence : il m'est arrivé exactement la même chose.

Pour une fois l'assistance semble tendre l'oreille.

– Avec mes directeurs, j'ai compris qu'il était nécessaire de passer un nouveau pacte pour pouvoir exiger un changement. C'est vrai, nous sommes en train de vous demander de détruire votre propre territoire, ce qui n'est pas réjouissant sans autres perspectives pour votre carrière non ?

Approbation silencieuse de la salle.

– Le pacte que nous propose Henri de Montleau est clair : si vous réussissez ce transfert de compétences et cette décroissance, vous serez promus bien au-delà de vos attentes actuelles.

– Et le mien est tout aussi clair : si vous échouez, vous êtes virés, poursuit Sibylle.

– Essayons de nous concentrer sur la première option si vous voulez bien...

L'interlude a fonctionné. Les trois directeurs jouent plus clairement le jeu, que l'on peut enfin qualifier ainsi. Nous reprenons la recherche du but de la direction financière par une séance de créativité sur ce qui est important pour les « usagers » : actionnaires, managers, et régulateurs. Les Post-it fusent et divergent : « des retours d'information plus rapides », « la paix », « moins cher », « moins de réconciliations », « des clés d'analyse plus variées », « un suivi par affaire », « simple », « réactif »...

– C'est vrai que traditionnellement, nous collectons les informations puis nous les conservons dans nos systèmes fermés.

– Les interactions avec les centres de profit sont très faibles, c'est exact.

– Ce qui contribue à nous mettre dans une position dominant/dominé ; ils doivent parfois avoir l'impression d'être floués lorsqu'on leur demande toutes ces informations sans rien « rendre »...

– C'est vrai que l'on pourrait offrir des services comptables qui permettent de mieux comprendre ce qui se passe ici, comme nos positions...

– Tout tient au prisme dans lequel nous le proposons : si nous continuons à ne rendre que notre vision – par compte, par risque... – on n'a pas avancé. Mais si nous proposons des services dans leurs référentiels : par affaire, par centre de profit, etc. Là, nous pourrons les intéresser à mon avis...

– Je dirais même que si tu as la contribution de chaque affaire à tes états financiers dans n'importe quelle clé analytique, alors tu tiens l'atome le plus fin leur permettant de reconstituer n'importe quel agrégat.

– Par affaire... Par exemple, un crédit en défaut de notre filiale suisse représente 300 de provisions dans le bilan, 200 de revenus, 150 de dépenses dans le compte de résultat, etc.

– Et également 1 000 de « perte en cas de défaut pour opérations hors métropole » dans la pyramide de risque, 75 de revenus pour le produit « crédit aux institutionnels » dans la pyramide analytique.

– Pas mal, effectivement, au niveau atomique tu peux marquer l'information dans plusieurs dimensions et obtenir ainsi tous les agrégats imaginables ! Montant total des provisions sur les affaires aux particuliers, revenus de la Suisse, risque global lié aux crédits institutionnels...

– Oui mais la difficulté réside justement dans les affaires « à cheval » sur plusieurs nœuds des pyramides, quand un peu des revenus va à telle filiale et le reste à telle autre, un peu des dépenses à telle ressource transverse et le reste dans telle autre...

– Hum, on pourrait associer une quotité dans ces cas...

Le groupe est déjà lourdement dans la solution. Je décide d'interrompre la discussion :

– Parfait, essayons-nous déjà à une première version d'un manifeste qui aille dans ce sens. Le manifeste doit exprimer en un minimum de mots ce que nous nous engageons à faire pour nos clients.

Une heure plus tard, je commente le résultat, moult fois réécrit et raturé au tableau. Notre but : « Produire et mettre à disposition une information fiable sur la contribution de chaque affaire – interne ou externe – à toutes les hiérarchies d'information : comptes généraux, typologie de risques, et clés d'analyse budgétaire. »

Sibylle recommence à sourire, mais semble toujours insatisfaite :

– Pas mal, pas mal. Il me manque encore cette dimension autonomisante, « utilisation de la foule », que tout le monde devienne un peu comptable, démiurge, Wikipedia quoi !

– Wikipedia ? interroge un directeur.

– Wikipedia fait le pari que 99,9 % des contributions à l'encyclopédie seront constructives et légitimes. Donc par défaut tout est autorisé. Vous pouvez modifier n'importe quelle page, de saint Paul à l'existentialisme. En revanche, il est aisé de revenir en arrière pour les 0,1 % de maladresses et d'indélicatesses.

– Vous voudriez produire « l'encyclopédie financière » avec tous les acteurs concernés dans la banque ? Et que devient la séparation des pouvoirs si tout le monde peut tout modifier ?

– Je n'ai pas renoncé au contrôle rassurez-vous, je déclare simplement que je ne structurerai pas mon système sur la méfiance. J'aimerais que tout un chacun puisse modifier – avec toute la traçabilité et la réversibilité nécessaire – la contribution de son affaire – crédit, projet interne, ou opération financière complexe – aux différentes comptabilités.

– Vous êtes consciente qu'un commercial ou un opérateur du *back-office* pourra modifier nos chiffres ?

– Essayons d'arrêter de raisonner en eux et nous. Il n'y a qu'un seul chiffre à produire, et il n'est ni à eux, ni à nous !

Après un long silence, le dernier directeur lâche :

– Je vois. C'est tentant effectivement. Si la piste d'audit nous permet de responsabiliser les contributeurs, il n'y a pas vraiment de risques. Le jeu en vaut peut-être la chandelle.

*

*   *

Sur le mur de la pièce où nous lançons la première équipe projet, la version finale de la devise est inscrite en lettres peintes sur un grand panneau de carton : « Coproduire la contribution financière de chaque affaire – interne ou externe – à toutes les hiérarchies d'analyse demandées. »

Nous avons réuni la *dream team* Jérôme-Kasperski à laquelle se sont joints Maurice, un vieux sage de la comptabilité, et quelques jeunes générations Y – ambiance iPhone, Twitter, et *private jokes* incompréhensibles.

Jérôme maîtrise l'art du croquis et nous explique par un schéma le problème de fond rencontré par les systèmes de synthèse.

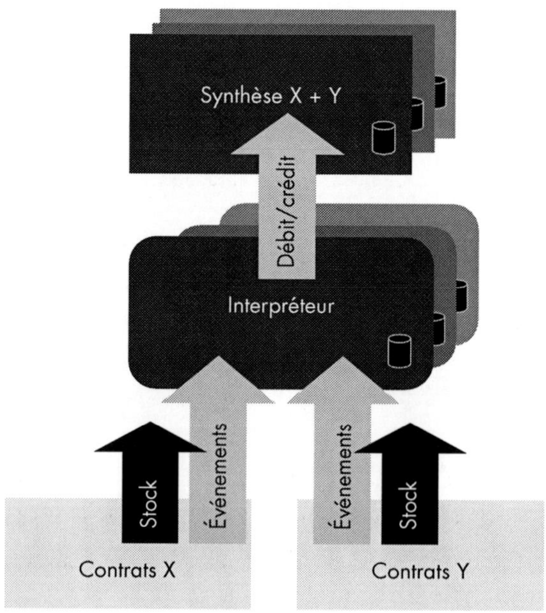

– L'architecture est le fruit d'un cycle classique : chaque nouvelle génération de besoins – comptabilité générale, puis analytique, risques réglementaires, lutte anti-blanchiment... – accouche de son collecteur/interpréteur d'informations qui alimente le nouveau système financier.

Jérôme recherche l'assentiment de Maurice, qui opine. Il poursuit :

– À chaque fois, ce sont des systèmes fermés qui créent leur propre gisement de données, et n'encouragent pas la collectivité à fiabiliser les stocks de contrats ou les flux d'événements qui s'y déversent. Par conséquent, les usagers ne considèrent pas ce problème comme leur problème mais comme celui de la direction transverse : leurs systèmes satisfont leurs propres besoins pour gérer, facturer ou relancer leurs clients.

Maurice précise :

– Il n'y a pas de principe « pollueur/payeur ». Tout le monde envoie sa donnée telle qu'elle est, l'interpréteur devant découvrir si un code devise absent signifie EURO ou USD, si ce type de client « CSO » dans telle filiale correspond au type « Contrepartie Souveraine » ou « Client Solidaire », et j'en passe.

– Qui plus est, reprend Jérôme, ces systèmes se complexifient en ce qu'ils importent beaucoup d'intelligence de l'amont : il faut réinterpréter ce que signifient des événements comme « déclasser une créance », « rembourser un crédit » ou « lever une option de change », plutôt que de laisser le métier nous y aider.

– Et au final tous ces automatismes sont peu performants, conclut Maurice. Prenez, par exemple, les marchés de dérivés sur actions : plus de 10 000 opérations de réconciliation manuelles par mois sont nécessaires pour obtenir des données à peu près cohérentes.

– Je vois, dis-je pour terminer, les cordonniers sont vraiment les plus mal chaussés !

Après cette mise en bouche, Kasperski fixe les objectifs de la séance de travail :

– Notre objectif sera d'imaginer un premier pas qui simplifie ce système organisationnel et informatique dans le sens de la devise.

– Donc, en cherchant à rendre autonomes ses utilisateurs..., ajoute Jérôme.

– Investissons là où la situation est la pire ! Aux dérivés actions, on ne peut qu'améliorer la situation, suggère un jeune.

– Oui, mais comment rendre autonomes les utilisateurs ?

– Construisons un Wikipedia de la finance…

– Ah oui, un WikiFi !

– Les gens pourraient y modifier leurs informations au niveau atomique de l'affaire, qu'ils soient du front, du *back* ou de la direction financière…

– Peut-être aura-t-on besoin d'un Wiki plus adapté aux chiffres qu'au texte non ?

– Oui, il faudrait pouvoir taguer n'importe quelle donnée facilement, par exemple je vois une contribution orpheline ou fausse, pim je peux la taguer « affaire machin », « pays truc », « compte 00153 »…

– Oui, mais à l'instant t, si tout le monde n'a pas correctement tagué l'information, vous n'aurez pas forcément une comptabilité juste !

– Certes, mais disposer d'une comptabilité vite, à 5 000 € près, est déjà plus utile qu'une comptabilité soi-disant juste, mais disponible dans six mois !

– Et pour que n'importe qui ne fasse pas n'importe quoi sur mes contrats on pourrait même créer un Twitter par affaire, cela permettrait de notifier les responsables à chaque modification…

– Il faudrait aussi permettre aux usagers de modifier certains automatismes de l'interpréteur par eux-mêmes, ce qui est répétitif ou calculable doit pouvoir être programmé…

– Tu sais, il existe aujourd'hui des Wiki programmables. Tu peux facilement inclure des traitements dans tes pages, cela pourrait être utile pour les tags au prorata par exemple, quand plusieurs tags se partagent un montant…

La séance de créativité se termine par une synthèse solide qui me laisse confiant pour la suite : nous bâtissons **une plate-forme où l'on fiabilise ensemble une donnée de référence**. Son but est d'éviter la prolifération des gisements de données en en créant un compatible, avec toutes les dimensions exigées par les différents usagers. Son architecture est ouverte, c'est-à-dire qu'**il est aussi simple de s'en servir que d'y contribuer**.

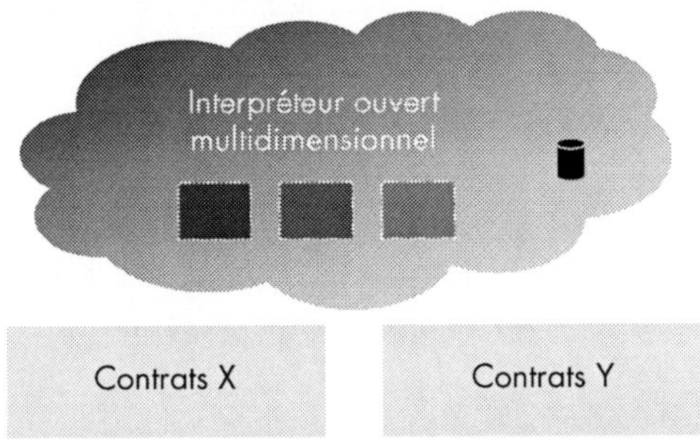

Quelques mois plus tard, un détour dans un *back-office* me confirme que la mayonnaise a pris. Las de devoir manuellement calculer leurs *contributions* par contrat, le département a décidé d'intégrer le concept dans son propre système de gestion des crédits.

– Nous avons dû pas mal revoir notre système, mais maintenant le concept de contribution attendue et le concept de contribution réelle, c'est-à-dire celle sur laquelle nous nous sommes collectivement accordés sur WikiFi, sont gérés automatiquement.

Il me montre fièrement un écran :

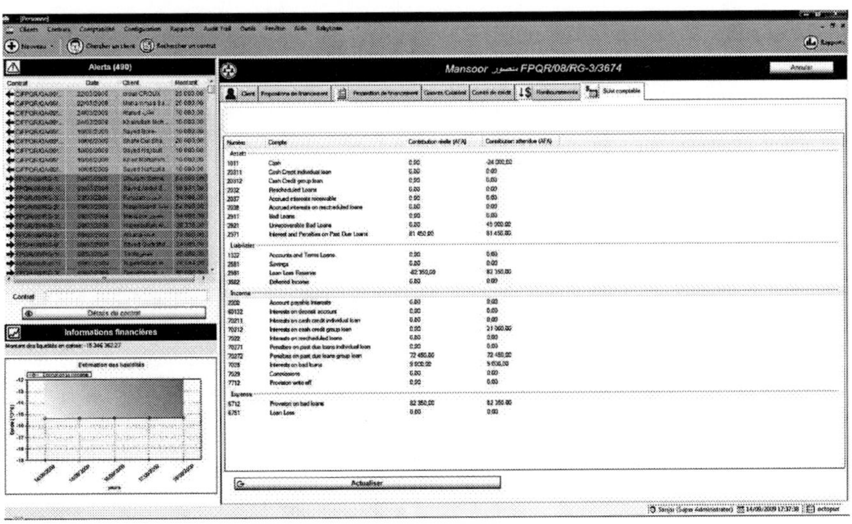

– Excellent. Et quel est le gain concrètement ?

– Eh bien avant, nous devions effectuer beaucoup de saisies correctives dans WikiFi, maintenant 98 % de nos extractions n'ont pas besoin d'être retouchées.

– Et que faites-vous de ce gain ?

– Nous nous occupons plus des clients ! En particulier, nous nous sommes aperçus qu'offrir des produits financiers plus adaptables, par exemple des crédits qui se rééchelonnent en permanence à la hausse ou à la baisse, était plus profitable et moins risqué que d'essayer de traire les clients avec nos contrats figés et notre autisme bureaucratique…

*

*   *

Restaurant *Le Banquier* en face de la Générale. Une main m'agrippe alors que je cherche au loin une table disponible :

– Paul, comment allez-vous ?

Sibylle Barrière-Johannel est assise avec un inconnu.

– Très bien, très bien Sibylle. Et vous ?

– Paul je vous présente M. Larfeuille qui est directeur financier chez Mozart Capital. Il a fait appel à nous pour une prestation de conseil en décroissance.

– Bonjour, enchanté. Paul Boulier, DSI.

– Bonjour monsieur, Sibylle m'a beaucoup parlé de vous. Vous savez, Mme Barrière-Johannel est fantastique. Elle nous a déjà beaucoup aidés en seulement quelques semaines. Quelle riche idée d'avoir autorisé des cadres dirigeants à prodiguer des conseils en marge de leurs activités.

– Oui, enfin on l'encourage surtout vers des entités « amies » comme vous, repris-je. Si je ne m'abuse, la Générale détient quelques parts de votre société…

– C'est exact, confirme Sibylle. Au passage, notre nouvelle manière de comptabiliser par la contrainte que l'on a substituée à l'ancienne approche par l'activité[7], démontre que les dirigeants – étant pour la plupart des ressources non contraintes – peuvent exercer des activités annexes à un prix de revient nul pour l'entreprise. La plupart du temps ces activités dégagent des bénéfices à titre personnel, mais lorsqu'elles en génèrent pour l'entreprise, c'est encore mieux.

– Au fait, (je sors mon iPhone et touche l'icône WikiFi), cette note de frais d'un restaurant chic à l'autre bout de Paris pointée dans « Projet de transformation de la DSI », je me suis permis de la taguer « Projet de transformation de la direction financière », j'ai bien fait non ?

– Oui je l'ai vu sur le Twitter du projet. J'attendais que vous le corrigiez vous-même mon cher Paul ! C'était une blague pour voir si vous adhériez à votre système ! Encore merci pour tout…

Chapitre 11

Septième séance de travail sur le but

« Vertus du sédentaire : vigilance, hospitalité, sens du long terme.
Vertus du nomade : entêtement, intuition, mémoire. »

JACQUES ATTALI (REMIXÉ)

Ambiance décontractée pour cette septième séance de travail du Comex. Le rythme mensuel s'est installé ; les deux heures rituelles sont désormais vécues comme un moment de convivialité plus que comme une corvée. Une équipe s'est formée semble-t-il.

Pichot et Sibylle démarrent informellement la séance en commentant les résultats encourageants des transitions « Méfiance-Spécialisation » vers « Confiance-Autonomisation » à la DSI et à la direction financière.

Puis, toujours affable, Pichot poursuit :

– Mais c'est un peu Beyrouth partout quand même. Des équipes se déclarent dans tous les sens et font le siège de mes bureaux. Je ne vais tout de même pas dire oui à tout ! On ne peut pas totalement polariser cette structure sur l'innovation, il faut aussi faire tourner le *business* courant.

Secrotas, cédant pour une fois à sa stricte posture maïeutique, se lance dans une tirade lyrique sur le conflit millénaire entre conservateurs et réformateurs, profils associables aux **sédentaires** et aux **nomades**, qui ont chacun leurs vertus, mais qui s'angoissent mutuellement :

– Le premier drame entre eux date de Caïn – le cultivateur sédentaire – et Abel – le berger nomade, c'est pour dire !

– Inévitable conflit, enchaîne Pichot, que je découvre amateur d'histoire. Nécessaire même, car les territoires doivent être protégés et stabilisés pour que l'on y prospère. Et à l'inverse, les cités, États ou compagnies qui n'ont pas su intégrer une influence « barbare » sont morts faute d'avoir tiré parti d'influences nouvelles. Et l'Histoire d'avancer par à-coups : Empire romain et chrétienté naissante, chrétienté établie et Copernic, États contre-réformés et cités réformées, 1789...

– Tu oublies la Glorieuse Révolution anglaise de 1688 qui a accouché d'une monarchie parlementaire dans le plus grand calme, poursuit Henri, mais peut-être est-ce l'exception qui confirme la règle...

Et Sibylle d'ajouter :

– J'ai le sentiment que dans la plupart de ces cas, l'on cherche à éviter ce conflit structurel lié à l'innovation – innovation qui remet en cause trop de règles de « l'empire » – jusqu'à ce qu'il éclate violemment par trop de pression accumulée.

Elle se tourne vers Pichot :

– Au fond, qu'est-ce qui t'empêche de dire oui à toutes les équipes qui se pressent devant les portes de tes managers pour réclamer un espace d'expérimentation ?

– Je ne sais pas. Une certaine peur du chaos j'imagine.

Henri intervient :

– D'aucuns ont une théorie familiale du sujet. Tenez, je vous ai apporté une coupure de presse d'un sociologue qui réagissait récemment sur ce thème. Je cite :
« ... les origines de ces comportements remontent toujours assez loin dans son enfance. Elles sont généralement dues à un contexte familial qui lui-même n'osait aborder les conflits, où la confrontation était rare. Lorsque les conflits se produisaient, ils avaient un

impact lourd sur l'ambiance et démontraient bien la supériorité de l'harmonie. Au travers de la recherche d'harmonie et d'un comportement conforme et tolérant, on cherche avant tout, l'acceptation, l'attention à défaut d'amour inconditionnel...
C'est pourquoi les situations délicates (faibles performances, comportements inadéquats voire émotionnels, divergences de vue...) ne sont pas abordées et pèsent sur l'engagement des meilleurs – "à quoi bon s'engager plus puisque cela n'est pas reconnu ?". On trouve encore de tels managers dans les environnements très structurés ou protégés, dans lesquels la technique, les savoir-faire et les règlements priment. En revanche, ces managers sont en grande difficulté dès qu'ils sont confrontés à des changements. Les conflits, latents jusque-là, sortent alors au grand jour. Les abus se multiplient. Des cabales s'organisent. Les managers concernés tendent à ressentir chaque pression, chaque remise en question comme une menace pour leur position. Cela peut aussi les surprendre, parce qu'ils ont souvent l'impression d'avoir tout fait pour que les conflits ne surviennent pas.
La difficulté à faire face à ce genre de situations les met vite au seuil de leur résistance émotionnelle, et ils tendent à se replier sur soi ou alors à faire preuve d'autoritarisme – "les petits chefs". »

Inspiré par le regard sociologique, je reprends :

– Très intéressant, je vois également deux autres contraintes du même ordre que l'évitement du conflit et qui pèsent elles aussi sur la possibilité de fluidifier l'innovation dans une organisation apprenante, pacifiée. Premièrement la peur de perdre quelque chose au passage, et notamment son statut social.

– Oui, mais le nouveau pacte « Supprimez votre job, vous êtes promu » lève en partie cette contrainte, remarque Sibylle.

– Ce n'est pas faux, encore faut-il maîtriser le flot d'innovation pour qu'il ne perturbe pas la qualité du service courant, qui est quand même notre premier engagement à tous, interrompt Pichot.

– Et la seconde ?

– Je vois aussi beaucoup de vanité, des comportements où l'important consiste à être le meilleur, à avoir raison, à tenter de convaincre plus que comprendre l'autre. Peut-être est-ce également assimilable à de la peur. Cette posture interdit l'échec qui devient lui aussi tabou. Quant à la demande d'aide, autant parler d'humiliation, quiconque s'y hasarde pourrait y perdre son statut. On est chef parce qu'on le vaut bien non ?

– Le système pourrait donc se modéliser ainsi.

Secrotas se met à dessiner au tableau un de ses fameux diagrammes systémiques, où chaque élément est une grandeur qui augmente ou diminue dans un cercle vertueux ou vicieux :

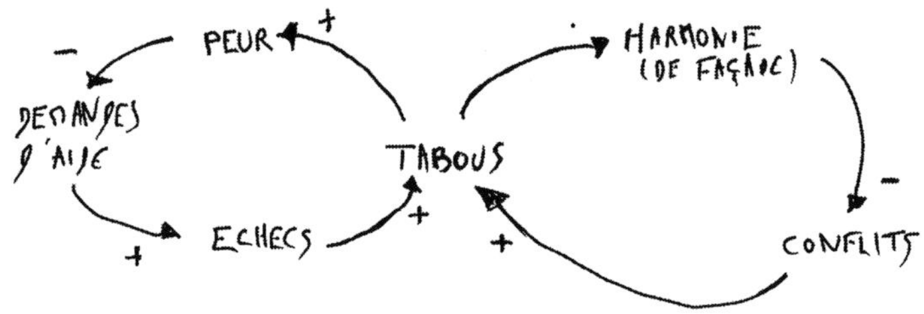

– Plus l'harmonie de façade est préservée, moins les conflits surgissent, mais plus ils sont enfouis dans des tabous que l'on n'ose plus évoquer. Parallèlement, plus la peur de l'autre augmente, moins on ose demander de l'aide ou utiliser l'avis de l'autre, ce qui conduit invariablement à augmenter le nombre d'échecs. Et les échecs, personne ne souhaite en parler ; ainsi se créent les tabous, qui vont eux-mêmes renforcer la peur, car qui sait qui pourrait un jour lever le voile ?

– Oui, cela illustre bien que dans la plupart des systèmes, la quantité de tabous augmente, qu'il s'agisse de départements, de familles…, remarque Henri, songeur. Au fond, l'important, ce n'est pas d'éviter les conflits – ils sont structurels –, c'est d'avoir **un processus standard pour les résoudre plus vite**.

– Oui, en clair, on continuera à se taper sur la figure entre innovateurs et conservateurs, mais probablement moins longtemps et plus amicalement, conclus-je.

– Eh les gars, vous refaites le monde, interrompt Pichot. « Vanité, tout n'est que vanité », peut-on lire dans l'Ancien Testament, cela ne date pas d'hier ! Quand le cercle familial – dans lequel le rapport aux autres et à la hiérarchie se crée – imprime ces gênes, comment voulez-vous lutter contre les mœurs de toute une société ?!

– En même temps, j'ai le sentiment que ce rapport familial évolue très rapidement depuis le baby-boom. Il devrait donc aussi évoluer dans l'entreprise, poursuit Henri.

– Oui, j'ai lu et constaté qu'avec les générations Y, c'est-à-dire les jeunes nés après 1980, les deux contraintes mentales que sont l'évitement du conflit et la peur de l'autre s'étaient estompées. Regardez ce que j'ai trouvé[8] à propos des différences d'attentes en fonction des générations.

Je distribue au groupe un tableau représentant en colonne les générations et en ligne leurs postures majoritaires :

	Traditionaliste (1935-1945)	Baby-boomer (1946-1964)	Génération X (1965-1980)	Génération Y (1980-1995)
Formation	Difficile	Trop et je démissionne	Requis pour me garder	Requis en continu
Style d'apprentissage	Salle de classe	Facilité	Indépendant	Collaboratif et en réseau
Résolution de problème	Hiérarchique	Horizontal	Indépendant	Collaboratif
Prise de décision	Recherche l'approbation	Équipe informée	Équipe incluse	L'équipe décide
Style de leadership	Commander et contrôler	Sortir du chemin	Coacher	S'associer
Feed-back	Pas de nouvelle, bonne nouvelle	Un par an	Hebdomadaire, quotidien	À la demande
Usage de la technologie	Inconfortable	Incertain	Impossible de travailler sans	Dépendant
Changement de métier	Imprudent	À retarder	Nécessaire	Routinier

– Oui, même si l'on peut être un peu sceptique sur ces analyses générationnelles, qui peuvent aussi se lire comme des sensibilités évoluant avec les âges de la vie, il est clair que l'on pourra naturellement sortir de ce système en cédant du pouvoir aux nouvelles générations qui incarnent effectivement mieux cette volonté de collaborer en réseau…, commente Henri.

– Ce qui est d'autant plus étrange vu le soin avec lequel l'école continue à industrialiser la vanité. Durant mes « brillantes » études, on m'a appris à être le meilleur, à ne pas copier sur mon voisin et j'ai dû travailler au grand maximum une demi-douzaine de fois en équipe, poursuit Pichot.

– Et arrêtons d'amplifier ce tropisme en mettant les gens en compétition avec des évaluations de performance individualisées ! dis-je. Pensons d'abord l'évaluation des performances collectives !

– Très intéressant, répond Henri. Mais au fond, à nous de montrer l'exemple, par nos discours, nos attitudes. Je ne sais pas si vous l'avez remarqué, mais je vous demande votre aide, je n'ai pas LA solution, je cherche à comprendre plus qu'à convaincre, je me coule davantage dans le rôle de conseiller impliqué dans vos problèmes plutôt qu'en chef distant, et je ne revendique aucun des résultats. Si cela réussit, ce sera grâce à vous, et si cela échoue ce sera de ma faute.

– C'est parce que tu es proche de la retraite ! plaisante Pichot.

(rires)

Je tente de refocaliser l'attention sur le sujet du jour :

– Donc pour sortir du chaos conservateurs-réformateurs, serait-il si difficile de traiter les conflits liés à l'innovation individuelle comme un processus à part entière de la banque ? Après tout, l'usine DSI s'est précisément structurée pour fluidifier l'innovation...

– Si ce processus peut permettre de contenir l'impact financier et la « chienlit » de l'innovation, pourquoi pas, poursuit Pichot. Je me rends compte que si mes meilleurs collaborateurs avaient la possibilité d'industrialiser plus facilement leurs idées, cela pourrait les motiver à rester dans la banque de détail plutôt qu'à fuir vers d'autres sirènes.

– Une logique de **capital-risque institutionnalisée** en quelque sorte ? lance Sibylle.

– Oui bien sûr ! poursuivis-je. Au lieu de centraliser l'innovation dans des directions R&D ou dans des schémas directeurs ambitieux comme nous le faisons aujourd'hui, organisons-le dans chaque direction voire dans chaque département.

– Mais oui, une enveloppe innovation annuelle, proportionnelle au budget de la direction, permettrait de maîtriser l'impact financier, à la manière d'un fonds d'investissement.

– Exact, et elle pourrait financer des innovations de rupture comme des améliorations de processus existants. Tant que nous y sommes, empruntons également au capital-risque la logique d'investissement en plusieurs tours qui augmente la mise au fil du succès des initiatives, et qui s'arrête en cas d'échec. Vu qu'il est impossible de qualifier en amont la valeur d'un projet, cela permet d'itérer, et donc de contenir le risque de chaos en plus du risque financier.

Pichot reste sceptique :

– Mais quelle différence au final entre cette formule et nos incantations classiques du type « boîte à idées » et autres « concours de l'innovation » déjà en place ?

Je réponds, sûr de moi :

– Ces messages officiels n'évacuent en rien les obstacles à l'innovation que nous avons déjà cités – peur et évitement du conflit. Pire, ils font croire que si l'on n'innove pas, c'est bien à cause « des troupes » puisqu'elles y sont autorisées officiellement.

– Alors en quoi l'idée de capital-risque institutionnel vient-elle lever ces obstacles ? interroge Pichot.

Henri semble avoir une réponse plus limpide que la mienne :

– Accepter par défaut que les salariés investissent 20 % de leur temps sur des projets forcément « bizarres », menés par quelques meneurs – nos fameux nomades – crée un transfert effectif de pouvoir. Un « nomade » peut obtenir un financement sans l'accord de son patron « sédentaire ». Il devient autonome et responsable.

– Ah ! Je comprends mieux, s'exclame Pichot. « The Google Way » quoi !

– Je ne sais pas si Google le met en œuvre ainsi, repris-je, mais l'idée sera bien de financer neuf échecs pour un succès, et bien de déléguer la gestion des fonds d'investissement à chaque département, pas de la centraliser.

– Oui, sinon, un tropisme sournois nous ramènera vers une direction centrale de l'innovation, aveugle et toute-puissante sur son nouveau territoire, conclut Henri. Or ce que je souhaite, c'est au contraire de dédramatiser la tension structurelle entre innovateurs et conservateurs, au plus près de chaque activité.

Depuis quelque temps, j'ai tendance à me méfier des modèles abstraits. Je poursuis donc en mode concret :

– Essayons de tester notre modèle sur des exemples grandeur nature. Que se serait-il passé si ton conseiller « chinois » – tu sais celui qui s'est fait dénigrer pour avoir développé ses propres outils de gestion client – avait bénéficié de cette mesure ?

– Eh bien, il aurait probablement eu accès à un ou deux rounds de financement pour ses outils, et la reconnaissance d'un jury protecteur au niveau de la direction commerciale. Bon, aujourd'hui, il est au placard, je crois que l'on va devoir retrouver la clé...

– Et oui, au lieu de cela, il a aussi subi l'ancien calcul de rentabilité produit, qui s'ajoute au conflit structurel de la peur et de l'évitement du conflit, il n'avait vraiment aucune chance ! lance Sibylle.

– Quel calcul ? interroge Pichot.

– Pour calculer la rentabilité d'un produit, on lui affecte une partie des frais généraux, le plus souvent en fonction des volumes. Les frais généraux variables – comme les salaires des commerciaux ou des usines de traitement – sont légitimes, mais les énormes frais fixes – comme les deux tiers du SI ou les bâtiments – plombent définitivement des produits en phase d'investissement et aux faibles volumes. Or ce qui est fixe est déjà payé, que l'on développe ou non ces nouveaux produits. Et on voudrait qu'une start-up ait la même rentabilité qu'une entreprise établie !

– Je vois, opine Pichot.

– Ce n'est pas tout ! On peut observer des perversions opposées. Nous avons découvert, par exemple, que la nouvelle carte « Femme active » – qui permet de bénéficier de réductions d'achat ciblées –, bien que qualifiée de succès par ses ventes, nous a fait perdre en efficacité : elle a cannibalisé la carte bleue standard pour des commissions certes plus élevées, mais a fait exploser nos dépenses en *back-office* ! Le traitement des remises magasins donne lieu à moult opérations manuelles, voire à du contentieux : les réductions ne sont pas appliquées alors qu'il s'agit de boutiques affiliées, ou l'inverse ; les systèmes s'emmêlent les pinceaux !

Je renforce l'analyse de Sibylle :

– Oui c'est exact, on court après les informations de qualité. Les enseignes affiliées ouvrent et ferment sans que nous arrivions à suivre. Et cette augmentation des dépenses opérationnelles est noyée dans les frais généraux. Le produit « planque » ces externalités négatives et affiche une bonne rentabilité.

Sibylle enchaîne :

– En fait, ces dépenses opérationnelles se mesurent mieux en prenant en compte l'utilisation ou pas de ressources contraintes. Utiliser une non-contrainte se fait à coût marginal – jusqu'à ce que l'on tire dessus au point qu'elle devienne une contrainte. Ici, les principales dépenses opérationnelles sont liées au temps des conseillers qui traitent les plaintes et au temps des informaticiens du département Cartes. Étant donné que ces deux ressources sont des contraintes, elles dictent le débit de chiffres d'affaires ; accroître la pression qui pèse sur elles est une vraie catastrophe.

– Inquiétant en effet..., soupire Pichot.

Je reviens à notre dispositif pour fluidifier l'innovation : une autorisation par défaut de 20 % du budget pour des activités non planifiées, dépense à discrétion des employés, contribuant à leur projet ou à celui d'un autre meneur.

– Un tel dispositif destiné à aider les innovateurs plus qu'à tenter de piloter les innovations nécessitera la diffusion de nouvelles pratiques managériales centrées sur la confiance..., ironise Pichot.

– Tout à fait. En attendant, nous disposons déjà d'une comptabilité plus favorable pour gérer ce portefeuille d'affaires innovantes..., enchaîne Sibylle.

– Et qui nous permettra de piloter les 20 % de budget Investissement de chaque département dans une logique plus diffuse, ne concentrant pas les risques dans des grands programmes, précise Henri.

– Mais ce flot d'innovations va engendrer des nuées de pico-systèmes et donc générer beaucoup de demandes d'interfaçage au reste du système d'information..., dis-je. Chaque petite pépite ayant besoin de récupérer tel référentiel ou d'injecter telles écritures dans la comptabilité, elles risquent de submerger mes équipes produit.

– Applique-toi la théorie de l'autonomisation, me souffle Pichot. Il faut que ces demandes s'organisent d'elles-mêmes. Crée un checkpoint Charlie « ouvert », c'est-à-dire une zone de pontage entre l'Empire et les Barbares.

– Mais oui bien sûr. Une plate-forme où il est aisé de créer des interfaces soi-même, du « Self-Service Oriented Architecture »... documentation partagée sur Wiki, Web services et *mashup* simples à intégrer dans n'importe quelle application, fichiers de données prêts à l'emploi, automates de tests, communauté d'entraide...

En utilisant le modèle de découpage de notre patrimoine en « ce que tout le monde a », « ce que toutes les banques ont », « ce qui nous différencie », je synthétise le pacte d'alignement stratégique du SI :

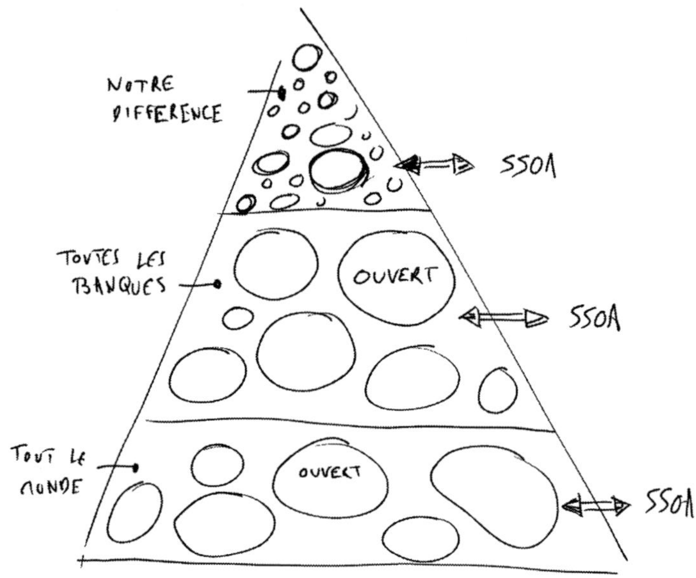

Pichot reprend :

– Pas mal Paul ta pyramide. Elle positionne les équipes selon leur appétence au temps court ou au temps long… et montre les nécessaires interfaces entre ces mondes. Tu les désignes par l'acronyme SSOA, que je comprends moi comme autant de checkpoint Charlie entre civilisations !

Henri poursuit :

– Je comprends maintenant mieux la dynamique d'amélioration continue vers laquelle nous pouvons orienter le groupe, et au passage l'**évolution nécessaire de nos managers et autres coordinateurs vers une double culture de la confiance et du contrôle**.

– Nous aurons également besoin de dérigidifier la structure en adoptant une organisation par rôles plus que par postes, comme celui « d'innovateur Banque 2.0 », précise Pichot. Les rôles, dont la caractéristique est d'être temporaire et transverse, permettent plus aisément la collaboration et évitent l'empilement hiérarchique des niveaux de contrôle.

Sibylle interrompt :

– En revanche, je reste un peu sceptique sur notre capacité à l'enclencher. Henri nous a rappelé que notre but resterait encore la maximisation des profits, mais pouvons-nous décemment annoncer « améliorez-vous pour qu'une poignée de dirigeants et d'actionnaires s'accapare l'essentiel de cette valeur ajoutée » ?

J'enchaîne :

– Tout à fait en phase, il nous faut une politique plus juste de répartition des bénéfices de ces actions d'amélioration ! Or, puisque nous connaissons désormais tous les perversions inhérentes aux systèmes de pilotage individuels, il est clair que nous devrons utiliser des mécanismes plus globaux comme l'actionnariat salarial ou les plans épargne entreprise…

– Oui, et en poussant les curseurs plus loin que nos compétiteurs, pour matérialiser la fermeté de notre engagement…, conclut Pichot.

– Chers amis, je pense que nous tenons le bon bout ! lance Henri. La proposition me semble sécurisante, je me sens désormais à l'aise pour avancer un discours devant tous les salariés, sédentaires et nomades !

*

* *

Dans les couloirs de la filiale MaGénérale.com :

– Le boss est vraiment génial, dès ses débuts, il utilisait des référents dans la communauté chinoise pour leur déléguer une partie de ses tâches : évaluation de clients, de dossiers de crédit, remplissage de formulaires, collecte d'argent, etc.

– Il avait vu le premier ce que serait la « banque 2.0 », c'est-à-dire celle qui permet à la foule de délivrer un service à valeur ajoutée. Mais il l'a payé cher !

– Oui, on l'accusait de conflit d'intérêts avec ses activités principales de conseiller…

– En même temps ils avaient raison, la tension entre les deux activités devenait impossible à tenir. Les innovations de rupture ne peuvent être que centrifuges pour celui qui les mène à terme… La décision de créer une filiale fut la bonne.

– Oui, car l'idée était réellement excellente : parfois, on préfère faire confiance à ses proches qu'à son banquier. Alors pourquoi perdre ces clients ? Associations, villages, conseillers financiers indépendants, communautés ethniques ou religieuses… après Wikipedia ou LinkedIn, MaGénérale fournit désormais une panoplie d'outils pour que ces meneurs de communautés délivrent le service bancaire le plus adapté à leur propre éthique. Aujourd'hui nous en proposons déjà trois : « Finance islamique », « Tontines chinoises », et « Finance écologique ». Mais déjà des contributions inattendues enrichissent le système dans de nouvelles directions !

– Et si cela marche c'est parce qu'il est aussi simple de s'en servir que d'y contribuer. Les meneurs et leurs communautés ne se satisferaient pas de systèmes fermés où il serait impossible de créer et de se différencier…

– Oui tu as raison. Au fait, t'as vu ce que l'on a reçu de la corp' ?

Il exhibe un prospectus en couleur :

Manifeste pour une Informatique Conviviale
Respect et confiance dans les personnes.
Des Systèmes d'Information en amélioration continue.
Aussi simple de s'en servir que d'y contribuer.
Ouverts par défaut pour permettre l'autonomie des contributeurs, en garantissant la traçabilité et la réversibilité.
Promotion de ceux qui diluent leur tâche dans ces communautés ouvertes.

– Avant on faisait tache, maintenant on dirait qu'on fait tache d'huile…

(rires)

Épilogue

« Take it, but take it easy. »
JOE STRUMMER (*THE CLASH*)

Henri de Montleau est radieux, il semble nager dans son élément, saluant des inconnus à tout-va. Il a insisté pour que je l'accompagne à cette invitation de l'Élysée sur le thème de la « Croissance soutenable ». Je découvre qu'il connaît quasiment tous les directeurs, élus et autres hauts fonctionnaires présents. Je me sens un peu seul, et m'immisce discrètement dans une de ses conversations :

– ... L'entreprise déclare sa structure et ses employés dans le système, une fois pour toutes. Tous les partenaires sociaux et les prestataires privés – mutuelles, assurances, retraites complémentaires... – se connectent sur la même plate-forme ouverte.

– Ouverte ? Vous voulez dire que le capital, les employés et tous les chiffres de l'entreprise sont publics ?

– Non, ils sont disponibles aux services de l'État et aux partenaires que vous autorisez.

– Ah d'accord. Et cela ajoute quoi au juste par rapport aux téléprocédures déjà en place ?

– Les chiffres sont tombés récemment : nous avions fait l'hypothèse d'une diminution de quelques pour cent des frais administratifs en entreprise, en misant sur la diminution des doubles saisies en tout genre. Aujourd'hui, chez les usagers, on constate 30 % de réduction des dépenses administratives ! Au point que la contrainte devient notre capacité de reconversion des personnels concernés…

– Tout ça parce que les gens ne ressaisissent plus quelques informations juridiques, salariales ou comptables à destination de différents prestataires ? C'est un peu beaucoup non ?

– C'est effectivement une surprise, mais le système s'autodiscipline. La qualité de l'information dont dispose chacun a considérablement augmenté, diminuant très sensiblement le taux d'erreurs qui est à l'origine des coûts administratifs mais surtout de la lourdeur perçue : trop-perçus, trop versés, procédures, redressements… Ce n'est plus à l'entreprise de traverser le labyrinthe des statuts et impositions de ses collaborateurs, mais au système de les lui proposer.

– Au fond vous avez généralisé le nouveau principe des impôts sur le revenu en proposant des précalculs par défaut, et en offrant la possibilité de les confirmer ou de les modifier.

– Exactement, poursuit l'interlocuteur d'Henri. Non seulement nous permettons aux différents acteurs de mettre à jour l'information, mais nous leur proposons aussi de réaliser le dénouement complet des transactions, paiements inclus.

Où avais-je déjà vu cette personne ? Ah oui ! Au journal de 20 h 00 ! Le projet ePME, l'alliance réussie entre les entreprises, les administrations, et les partenaires sociaux… Mon gendre lunaire devenu patron de start-up et me louant les vertus de son coach administratif électronique ! Épatant ! Je me lance :

– Alors c'est vous qui avez mis en place la plate-forme ? Elle ne ressemble pas du tout aux autres systèmes de l'administration : déploiement pilote en quelques mois, ergonomie impeccable, amélioration continue des prestations, aussi simple de s'en servir que d'y contribuer…

– Oui, effectivement. Nous avons dû modifier le code des marchés publics pour pouvoir éviter les études, plans, coordinations et autres barrages à l'innovation informatique. J'aime à dire que c'est finalement là l'essentiel de ma contribution ! Une fois cette contrainte levée, je n'ai plus eu qu'à rassembler une vingtaine de talents, les associer à des utilisateurs pilotes, et rythmer des livraisons itératives tous les mois... Quant à l'adoption, elle a été tirée par les usagers. Affluant massivement, ils n'ont laissé d'autre choix aux multiples partenaires que de se transformer pour tirer profit de la plate-forme.

Je reste coi, acquiesce poliment puis me dirige vers un autre groupe :

- ... mais au fond pourquoi avoir intitulé ce site fairmusic.com et pas France Musique puisqu'il est financé par la licence globale et accessible uniquement aux abonnés français qui ont choisi l'option illimitée ?
- Le système de rémunération des artistes dans les nouvelles chaînes de valeur de la musique numérique n'était pas équitable. Les maisons de disques toutes-puissantes s'arrogeaient la plus grosse part du gâteau, la même part que dans la chaîne historique où elles devaient assurer la coûteuse circulation des disques physiques. Ce n'est plus le cas avec la musique numérique, et pourtant la règle était restée la même...
- Et à qui profite le crime à part vous ?
- Grâce aux contrats globaux de production incluant concerts, disques et droits dérivés qui sont mis en avant sur notre plate-forme de téléchargement, les artistes perçoivent six fois plus de revenus qu'en distribution classique. Au final cela permet aux petits groupes de vivre de leur art, même en ne diffusant que quelques milliers d'albums par an.
- Je comprends mieux la charge des quatre majors contre le président le mois dernier autour de la licence globale qui vous finance en partie...
- Oui bien sûr, on a déplacé la chaîne de valeur hors de ces anciens empires, ça n'est jamais très simple, mais le nombre d'emplois supprimés dans ces entreprises est dérisoire face au nombre de foyers de subsistance créés chez les artistes ainsi autonomisés et le fort renouvellement des acteurs économiques : plates-formes d'échange, jeux musicaux, jeux éducatifs...
- La fameuse *long tail*...

Je me retourne et aperçois Secrotas au bout de la salle en train de s'esclaffer avec un ministre. Mais où suis-je ? Qui sont ces gens ? J'ai l'impression qu'ils ont tous quelque chose en commun et que je suis le dindon d'une farce. Tiens un groupe où Henri bavarde autour d'un grand patron de média :

– ... J'imagine que cela doit être extrêmement difficile de se mettre d'accord sur les faits bruts, sans tomber dans l'analyse politique et les controverses ? Chômage subi et chômage de complaisance, pouvoir d'achat réel, cartographie des addictions incluant drogues licites et illicites, répartition de la valeur ajoutée, « moral » des Français... ?

– Il est vrai que certains chiffres sont parfois difficiles à fiabiliser. Par exemple dans l'Éducation nationale même le nombre moyen d'élèves par classe ou encore la proportion de cancres n'est pas une statistique partagée. Il y a le chiffre des syndicats et le chiffre de l'administration ! Dans ces situations, nous replaçons le débat à un niveau consensuel pour qu'il puisse redémarrer, par exemple sur des statistiques plus locales. Mais vous savez, le succès d'une communauté passe par le respect d'une discipline, en particulier celle de l'accueil positif de la critique. Nous avons les mêmes gènes que Wikipedia.

– Je vois. En tant que téléspectateurs, nous avons été ébahis lorsque votre système a été utilisé dans l'émission politique sur l'épineux problème des retraites. Incroyable de voir à quel point l'on pouvait gagner en clarté à l'aide de schémas à la fois didactiques et indiscutables, en évacuant la mauvaise foi au profit d'un débat de fond ! Ces petits dessins se diffusent à vitesse grand V dans les conversations publiques ou privées, mais au final est-ce une activité rentable ?

– Doublement rentable vous voulez dire ! Non seulement debatFrançais.fr est un des premiers médias sociaux sur Internet, avec plus de deux millions d'Internautes contribuant chaque année dans l'Hexagone, et tout ce qui compte de politiques obligés d'y agréger leurs positions, sans langue de bois et sur tous les thèmes : éducation, justice, sécurité, libertés, économie ; et des milliers de pédagogues qui rivalisent de talent pour que leur schéma explicatif devienne la référence... Mais en plus, nous parvenons aussi à valoriser notre impact social : apporter une compréhension plus profonde de notre société aux citoyens, une lucidité abordable. Tous nos autres journaux, radios et télés ont ainsi fait grimper leur part d'audience, tandis que l'audience globale elle-même a augmenté, démontrant l'effet positif pour tous !

– Impressionnant... et personne ne vous accuse de parti pris, ayant vos propres intérêts privés...

– Notre actionnariat est aussi public rassurez-vous. Mais vous savez, les frontières entre « capitalisme dur » et « œuvre sociale » s'estompent peu à peu. Toutes les industries, mêmes manufacturières, s'assujettissent peu à peu à une triple *bottom-line*[9] et développent toutes leur *open source*…

Je prends Montleau en aparté :

– Henri, pourrais-je m'entretenir avec vous une seconde ?

– Bien sûr.

– Henri, c'est quoi ce traquenard ? Comment connaissez-vous toutes ces personnes ?

– Eh bien, il faut que je vous dise Paul. Le président a formé ce *think tank* il y a deux ans…

– Ah mais je comprends ! Mais… mais alors, vous étiez au courant depuis le début ?

Une voix nous interrompt :

– Mesdames et messieurs, le président de la République.

– Chut !

– Chers amis, bonsoir.
Merci d'être venus célébrer nos réussites ce soir.
Nous avons appris ensemble que l'action politique, en entreprise ou ailleurs, devrait se résumer à la **fixation d'objectifs de performance globale**, sociale et économique, et à la **création des conditions de l'amélioration continue**.
L'élaboration en central de solutions aveugles de la diversité a vécu, pour mon gouvernement, comme pour vous. Aucun acteur public ou privé n'a désormais le monopole de la confiance. Celle-ci émerge des plates-formes les plus ouvertes et les plus transparentes. Nous devons donc abandonner cette tradition colbertiste de pilotage par les moyens et **refaire confiance aux individus** en les récompensant selon leurs résultats. La LOLF[10] nous y aidera, ainsi que la réforme des marchés publics que j'ai engagée vers plus de confiance et de responsabilité. Mais entendons-nous bien, cela signifie aussi d'abandonner cette vieille idée de déploiement massif, uniforme et synchronisé de nos services, qu'il s'agisse de l'école ou des derniers systèmes innovants de l'eAdministration. Pour encourager l'innovation, nous sommes forcés d'accepter l'idée d'hétérogénéité perma-

nente et de convergence vers les meilleures pratiques. Que Colmar réussisse son mix énergétique à l'eau et son éducation grâce à des écoles ouvertes, Valence par le vent et grâce à des collèges musicaux, peu nous importe au fond ! Que les meilleures idées émergent et se combinent.

Nous atteindrons ces performances en encourageant aussi tout un chacun à **grandir à la rencontre des autres**, en nous détournant donc de l'ultra-spécialisation dominante et d'une certaine vision statique du « niveau d'éducation ». Quand l'élitisme ne crée plus l'excellence mais principalement la lutte, il est temps pour nos institutions éducatives de découvrir de nouvelles recettes. J'y veillerai.

Après les fusions symétriques qui ont conduit à créer nos empires administratifs et industriels, peut-être devrons-nous imaginer des fusions asymétriques, mettant en valeur les vertus singulières de chacun. C'est pourquoi **l'informatique doit devenir cet outil fantastique au service du décloisonnement, au service de l'autonomisation et de la responsabilisation des individus**. Il doit donc nous aider à devenir tous un peu spécialistes en simplifiant les savoirs et les savoir-faire en même temps que leur diffusion. Grâce à vous, certains outils permettent déjà l'émergence d'entrepreneurs, de groupes de musique autonomes, de banques autonomes, ou de consensus autonomes… Ces systèmes peuvent sembler ultralibéraux en apparence, mais ils se situent en fait bien au-delà de ce schéma droite-gauche caduc, à la fois décentralisés et favorables à la collectivité.

(un schéma apparaît dans son dos).

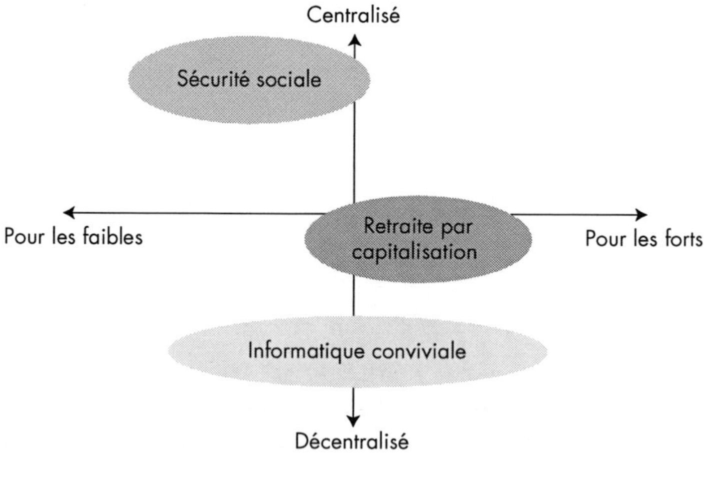

– Pour autant, la tension que va créer cette innovation ne doit pas être ignorée. Heureusement, de nouveaux outils nous permettent d'intégrer structurellement les conflits inhérents au changement. En particulier, ce **nouveau pacte social qui garantit l'emploi et la promotion des personnes qui contribuent à supprimer leur propre poste de travail**. Nous aiderons les entreprises qui l'adoptent, comme vous mes chers pionniers.
Loin des idéologues, nous acceptons le principe de réfutabilité de nos théories et de nos pratiques, elles-mêmes en amélioration continue. D'ailleurs, nous pourrons dans le futur, et pour certains dans un futur proche, orienter le but de certaines entreprises privées vers autre chose que la maximisation des profits (il fixe Henri en souriant).
Ne nous leurrons pas non plus. **Mon propos n'est pas de vous proposer un monde idyllique où sont exclus le conflit, la compétition et la mort**. Ces systèmes qui nous rendent démiurges engendreront leurs propres perversions. Mais dans notre nouveau monde, l'issue des batailles **ne pourra plus faire émerger de monopoles dominants et aliénants** comme nous avons pu en connaître, dans le privé mais aussi et surtout dans les services de l'État !
(rires dans la salle)
Nous avons trouvé ensemble un moyen de réaliser quelques foulées de géants. Apprenons maintenant ensemble à courir le marathon des géants !
Mesdames, messieurs, à partir d'aujourd'hui, je ne veux plus voir d'ordinateurs nulle part, sauf dans les statistiques de développement et de productivité !
À notre santé !

*

* *

Je cours sur une pente infinie en tenant Henri de Montleau par la main. Soudain nous décollons. Henri, pourquoi avez-vous la voix de Sybille ? Henri se détache de moi et se transforme peu à peu en poulpe. Au bout de ses tentacules apparaissent les visages souriants du président, d'Omar, de Secrotas, Kasperski, Pichot… tous me disent en chœur : « Paul tu dois nous aider à faire de la banque un outil au service du développement de ses salariés et de ses clients plus qu'au service du profit financier. » Puis, un des tentacules s'enroule autour de moi et me souffle que j'ai un message qui m'attend dans ma boîte aux lettres. Un message qui est crucial pour la Générale...

J'ai peur.

Bip Bip Bip

5 : 55

Ah ! Qu'est-ce que c'était que ce rêve débile ? Je n'aurais pas dû abuser autant du champagne, moi. Allez, au boulot ! J'aime arriver tôt et dépiler ma messagerie tranquillement...

Fin

Post-scriptum : En date d'écriture, les initiatives *Free Wifi, datasf.org, creative.mozilla.org,* ou *reCaptcha,* n'avaient pas encore vu le jour... comme d'autres, ces mouvements sont des signaux faibles de l'émergence d'une informatique conviviale. Si vous êtes témoins de tels signaux, rendez-vous sur *Twitter* #CCING pour nous les faire partager !

Besoin d'une réponse ? Envie de réagir plus longuement ? Venez contribuer à informatique-conviviale.eyrolles.com

À bientôt.

Pierre Pezziardi
Septembre 2009

*

* *

Ouvert
Aussi simple de s'en servir que d'y contribuer
Convivial Computing
#CCING

Bonus
Deuxième séance de travail sur le but

« Chaque fois qu'on produit un effet, on se donne un ennemi.
Il faut rester médiocre pour être populaire. »

OSCAR WILDE

Le scepticisme de Pichot, qui tire désormais sur la franche hostilité, m'extrait soudain de mes pensées :

– Vous êtes en train de réinventer l'eau tiède avec votre Théorie des Contraintes et sa « nouvelle » comptabilité associée : outre minimiser nos investissements (I) et nos dépenses opérationnelles (OE), notre but serait de maximiser le « débit » (T). Or ce « débit » est déjà piloté dans notre comptabilité générale, il s'agit de notre chiffre d'affaires !

Sibylle enchaîne :

– Pas tout à fait, la formule exacte est T = Chiffres d'Affaires – Coûts Totalement Variables, souvent assimilés aux matières premières dans l'industrie. Dans notre métier, la matière première est l'argent. Plus nous octroyons de crédits, plus nous empruntons nous-mêmes à nos épargnants ou sur le marché monétaire. Il faut donc soustraire ces coûts totalement variables pour obtenir le débit. On s'aperçoit d'ailleurs que cette définition du débit correspond exactement à celle du produit net bancaire (PNB), que nous mesurons depuis des décennies…

– Vous prêchez dans ma paroisse ! Maximiser le PNB c'est ce que je m'efforce de réaliser tous les jours, je ne vois toujours pas en quoi tout ceci va révolutionner ma politique commerciale…, interrompt Pichot.

Je me lance :

– Maximiser le débit nous pousse à augmenter nos deux composantes de revenus que sont le nombre et le montant des intérêts d'emprunts ainsi que le nombre et le montant des commissions. Rien de neuf certes, mais il faut parallèlement maîtriser les coûts variables de financement de ces emprunts. Or il a été établi que les dépôts à court terme de petits montants étaient les moins rémunérés, donc les plus rentables pour financer ces emprunts. En conséquence, nous maximiserions le flux en attirant de nombreux petits épargnants pour financer nos crédits à moindre coût que sur le marché monétaire, qui du reste est tendu comme un string depuis la crise des *subprimes*…

Montleau reste insensible à la boutade et finit par poursuivre, las :

– On ne peut pas polariser la compétition sur les coûts ! Aujourd'hui, les prix ne sont pas un facteur de victoire sur la compétition, mais seulement un facteur de qualification dans la compétition…

– C'est bien vrai, poursuit Pichot. Depuis toujours, les banques se sont diversifiées en offrant de nouveaux produits en plus des traditionnels moyens de paiement, épargne et crédits : titres, assurance, conseil financier… voilà une stratégie qui agit sur le numérateur !

Sibylle lui décoche instantanément un de ses dards empoisonnés :

– Des sondages ont montré que les clients sont davantage refroidis par la pauvreté du service que par la pauvreté du catalogue de produits et de services. Pourtant la banque court systématiquement répliquer la moindre innovation vue à la concurrence, négligeant l'efficacité de ses processus…

Une fois n'est pas coutume, je vole au secours de Pichot :

– En même temps, la dérégulation bancaire et la diffusion d'Internet ont permis aux clients de se tourner vers des producteurs spécialisés, par exemple sur les crédits. Ces compétiteurs distants n'existaient pas autrefois, il a bien fallu s'adapter à ces nouveaux produits pour rester dans la course...

Semblant étranger au débat, Montleau poursuit en changeant totalement de sujet :

– La semaine dernière, le consultant TOC nous a indiqué six champs de contraintes que nous pourrions examiner :

  - le marché, notamment le volume maximal d'absorption de nos produits. Un client ne peut pas consommer plus qu'un certain pourcentage de ce qu'il gagne en services bancaires ;
  - les approvisionnements, car nos fournisseurs sont parfois des goulets, comme ce sous-traitant qui gère la collecte et la numérisation de nos chèques, et qui nous a fait perdre quelques millions suite à l'arrêt de sa chaîne pendant deux jours ;
  - la capacité, qui englobe les ressources humaines et leurs équipements (locaux, machines, informatique) et qui peuvent être des maillons faibles où s'accumulent réclamations et contentieux ;
  - la logistique, c'est-à-dire notre gestion de « production » dans nos usines *back-office* ; qu'elles concernent les moyens de paiement, les titres, les crédits ou les assurances, les usines sont confrontées à des choix de taille de lots, de planification, de répartition entre équipes, de gestion des risques qui entraînent des stocks et de la latence dans les circuits de traitement ;
  - le management, qui est le reflet des règles implicites et explicites de la société : systèmes de valorisation, hiérarchies, réseaux, syndicats, convention collective... qui peuvent être un frein invisible à l'amélioration de notre efficacité ;
  - les comportements : habitudes, vieux réflexes, croyances et mythes...

– D'une manière générale dans les sociétés de service, la contrainte est souvent de type capacité, car il s'agit du temps des employés clés, renchérit Sibylle. La banque entreprend d'ailleurs des efforts permanents pour automatiser ses opérations et éviter que ses coûts et délais explosent. Je passe ma vie à amortir les investissements que Paul réalise dans ce sens, et l'on observe bien une augmentation continue des volumes traités à nombre d'employés constant.

– Alors là c'est le pompon, rugit Pichot, deux heures à six directeurs pour redécouvrir ce genre d'évidence...

Bibliographie

Jacques Attali
Karl Marx ou l'esprit du monde, LGF, Poche, 598 pages, 2007.

Frederick P. Brooks
The mythical man-month and other essays on software engineering, Dept. of Computer Science, University of North Carolina at Chapel Hill (1975), Edition: 1, Paperback, 221 pages, 1975.

La Bruyère
Les Caractères, LGF, Poche, 633 pages, 1976.

Ludovic Cinquin
Le Projet eCRM, Eyrolles, 303 pages, 2002.

Jim Collins
Good to Great : Why Some Companies Make the Leap... and Others Don't, Collins Business, Edition: 1, Hardcover, 300 pages, 2001.

Auguste Detœuf
Propos de O. L. Barenton confiseur, Éditions d'Organisation, 232 pages, 1986.

Roger Fisher
Getting to Yes : Negotiating Agreement Without Giving In, Houghton Mifflin, Hardcover, 200 pages, 1992.

Sigmund Freud
Introduction à la psychanalyse, Payot, Poche, 576 pages, 2004.

Michel Godet
Le courage du bon sens : Pour construire l'avenir autrement, Odile Jacob, 414 pages, 2007.

Seth Godin
Tribes : We Need You to Lead Us, Portfolio Hardcover, Edition: 1, Hardcover, 160 pages, 2008.

Eliyahu M. Goldratt
Critical Chain : A Business Novel, North River Press Edition : illustrated edition, Paperback, 246 pages, 1997.

Eliyahu M. Goldratt
The Goal, Gower Publishing Ltd, Paperback, 400 pages, 200.

Eliyahu M. Goldratt
Un an pour sauver l'entreprise, Afnor, Paperback, 247 pages, 2003.

André Gorz
L'immatériel : Connaissance, valeur et capital, Galilée, Paperback, 152 pages, 2003.

John Hagel
Valeur sur le Net, Éditions d'Organisation, 300 pages, 2000.

Ivan Illich
La Convivialité, Seuil, Mass Market Paperback, 158 pages, 2003.

Alfie Kohn
Punished by rewards. The Trouble with Gold Stars, Incentive Plans, A's, Praise, and Other Bribes, Boston: Houghton Mifflin, 1993/1999.

Albert Jacquard
Nouvelle Petite Philosophie, Stock, Paperback, 247 pages, 2005.

Jeff Jarvis
What Would Google Do ? HarperBusiness, Hardcover, 272 pages, 2009.

Milan Kundera
L'ignorance, Gallimard, 236 pages, 2005.

Milan Kundera
L'Insoutenable Légèreté de l'Être, French & European Pubns, Paperback, 1989.

Steven D. Levitt
Freakonomics, Folio, Poche, 336 pages, 2007.

Nicolas Machiavel
Le Prince, LGF, Mass Market Paperback, 192 pages, 2000.

Jim McCarthy
Software for Your Head : Core Protocols for Creating and Maintaining Shared Vision, Addison-Wesley Professional, Paperback, 464 pages, 2002.

Christophe Midler
L'Auto qui n'existait pas : Management des projets et transformation de l'entreprise, Dunod, 3e éd., 215 pages, 1998.

Dominique Moïsi
La géopolitique de l'émotion : Comment les cultures de peur, d'humiliation et d'espoir façonnent le monde, Flammarion, 267 pages, 2008.

Eric W. Noreen
The theory of constraints and its implications for management accounting, Great Barrington, MA : North River Press, 1995.

Barry Oshry
Seeing Systems : Unlocking the Mysteries of Organizational Life, Berrett-Koehler Publishers, Paperback, 272 pages, 2007.

Henri Pena-Ruiz
Grandes légendes de la pensée, Flammarion, 187 pages, 2005.

Alain Peyrefitte
La société de confiance : Essai sur les origines et la nature du développement (French Edition), Éditions O. Jacob, Unknown Binding, 556 pages, 1995.

Pierre Pezziardi
Une politique pour le système d'information : Descartes, Wittgenstein, (XML), Octo Technology, 295 pages, 2006.

Alain Prochiantz
La Biologie dans le boudoir, Odile Jacob, 155 pages, 1995.

Daniel Quinn
Ishmael : An Adventure of the Mind and Spirit, Bantam, Paperback, 272 pages, 1995.

Eric S. Raymond
The Cathedral & the Bazaar : Musings on Linux and Open Source by an Accidental Revolutionary, O'Reilly Media, Inc., Edition: Revised & Expanded ed., Paperback, 241 pages, 2001.

Lewis Roy
Pourquoi j'ai mangé mon père, Actes Sud, Paperback, 1993.

Ricardo Semler
Maverick : The Success Story Behind the World's Most Unusual Workplace, Grand Central Publishing, Paperback, 352 pages, 1995.

Peter Senge
La cinquième discipline – Le guide de terrain : Stratégies et outils pour construire une organisation apprenante, Editions Générales First, Paperback, 673 pages, 2000.

Georges Stalk
Vaincre le temps : Reconcevoir l'entreprise pour un nouveau seuil de performance, Dunod, Paperback, 333 pages, 1993.

George Steiner
Une certaine idée de l'Europe, Actes Sud, 62 pages, 2005.

Edward R. Tufte
Visual Explanations : Images and Quantities, Evidence and Narrative, Graphics Press, Hardcover, 156 pages, 1997.

Gerald M. Weinberg
Becoming a Technical Leader : An Organic Problem-Solving Approach, Dorset House Publishing Company, Incorporated, Paperback, 304 pages, 1986.

Gerald M. Weinberg
Quality Software Management : First-Order Measurement (Quality Software Management), Dorset House Publishing Company, Incorporated, Hardcover, 360 pages, 1993.

Gerald M. Weinberg
Quality Software Management : Systems Thinking (Quality Software Management), Dorset House Publishing Company, Incorporated, Hardcover, 336 pages, 1991.

Notes

1. Le comble pour un ouvrage sur la *valeur*...
2. Programme dit « *batch* », de traitement par lot.
3. *Customer Relationship Management* : gestion de la relation client.
4. *Theory Of Constraints* : corpus de techniques développées par le professeur Eliyahu Goldratt et destinées à faire triompher le bon sens au sein des systèmes complexes. Initialement centrée sur la production industrielle, elle outille désormais les raisonnements sur tout type de système de production de valeur ajoutée, d'un hôpital à une DSI...
5. *Whatever the bottleneck produces in an hour is equivalent to what the plant produces. Every hour lost at a bottleneck is an hour lost in the entire system.*
6. *The nation that will insist on drawing a broad line of demarcation between the fighting man and the thinking man is liable to find its fighting done by fools and its thinking done by cowards.*
7. *Activity Based Costing* : méthode de comptabilisation linéaire par les prix de revient (ou comptabilité analytique). En 1983, Eliyahu Goldratt a publié un article polémique « Comptabilité analytique : ennemi public numéro 1 de la productivité ». L'article explique les effets comparés de la TOC par rapport au management classique par les prix de revient. Il exhibe la limite principale du modèle analytique : il lisse la contribution de tous dans ses divers calculs (prix de revient, rentabilité de produits ou de clients), alors que la TOC nous enseigne que la contrainte doit attirer notre attention plus que tout autre poste.

   Cette limite a, par exemple, deux effets concrets : dans une opération de réduction des coûts, la comptabilité analytique va réduire uniformément les dépenses, en tapant potentiellement sur la contrainte, et donc induire des effets catastrophiques sur la performance, réduisant à néant les « gains » sur les prix. En opérant au contraire un focus sur les coûts par heure de la contrainte, la comptabilité TOC va préserver la contrainte et cibler les réductions budgétaires sur les non-contraintes. Autre effet, la ventilation brutale (linéaire toujours) des frais généraux sur les petites séries tue l'innovation. En comptabilité TOC, des chercheurs ont constaté dans un panel de 21 entreprises une augmentation de la taille de la gamme, car les ressources non contraintes sont considérées gratuites, libérant ainsi les possibilités d'innover.

8. Extrait et librement traduit de *When Generations Collide : Who They Are. Why They Clash. How to Solve the Generational Puzzle at Work* de Lynne C. Lancaster and David Stillman.
9. Résultats financiers, sociaux et écologiques.
10. Loi organique relative aux lois de Finances, qui instaure un pilotage financier par les *missions* et non plus par les *tâches*.

Index

Composé par STDI

Dépôt légal : novembre 2011
N° d'éditeur : 4061
IMPRIMÉ EN FRANCE

Achevé d'imprimer le 14 novembre 2011
sur les presses de l'imprimerie « La Source d'Or »
63039 Clermont-Ferrand
Imprimeur n° 12820N